# 書かずに文章がうまくなるトレーニング

伝える力【話す・書く】研究所所長
山口拓朗
Takuro Yamaguchi

サンマーク出版

# はじめに

**あなたには文章を書く才能があります。**

それを伝えるために、私はこの本を書く決心をしました。


自分に書く才能があるなんて、信じられませんか？

何をバカな、と思っていますか？

でも信じてください。あなたには文章を書く才能があります。

これまでうまく書けなかったのは、誰からも文章の書き方を教わってこなかったからです。ウソだと思うなら、子供のころに受けた国語の授業を思い出してください。


どう書けば、伝わる文章になるのか。

どう書けば、読む人の興味を引く文章になるのか。

どう書けば、読む人を動かす文章になるのか。
――そんなことを教えてくれる先生はいましたか？
答えは「ノー」ではないでしょうか。

日本の国語の授業は、そもそも読解力にウエイトを置いています。文章を書く機会としては作文や読書感想文がありましたが、果たしてどうでしょう。先生たちは、生徒一人ひとりの文章に深く関わってくれたでしょうか？「うーん、これまたノー」と答える人が大多数でしょう。質問内容を「大学時代のリポート」に置き換えても、おそらく答えは変わらないはずです。

なぜ生徒の文章に深く関わらないかというと、先生たち自身も、文章の書き方を誰からも教わったことがないからです。そう、先生たちは、「教えなかった」のではなく「教えられなかった」のです。先生たちにできる助言といえば、せいぜい「自分の気持ちを書きましょう」程度のもの。添削のレベルも先生によってまちまちだったはずです。そのような状況で、子供たちの「書く才能」が開花するわけがありません。

でも、もう大丈夫です。あなたはこの本を手にしたのですから。何かを始めるのに遅すぎるということはありません。

**本書では、社会に出てから十八年間、編集者、記者、ライター、作家として文章で生計を立ててきた私が、学校では決して教えてくれない「文章の書き方」を伝授します。**

モノ書きである私が、なぜ人に文章の書き方を伝えようとしているのか。それは、私自身、文章の書き方で悩んだ時期があるからです。

フリーランスとして独立した当初、私の仕事の幅は一気に広がりました。ひと月に十〜十五誌の雑誌原稿を書く日々。メディアの数が増えれば、当然、付き合う編集者の数も増えます。すると、予期せぬことが起きたのです。自分が書いた文章に対して、さまざまな編集者から指摘や助言を受ける機会も増えたのです。

「簡単なことを難しく書きすぎです」
「読者の気持ちが見えていますか？」
「掘り下げ方がぬるいです」
「説得力がありません」
「切り口がおもしろくありません」

「山口さん自身は、このことについて、どういう意見を持っているんですか？」

まがりなりにも文章でお金を稼いできた身です。文章にはそれなりに自信を持っていた私は、その鼻っ柱をバキバキと折られ、プロとしての自信を失いかけました。

それからというもの、編集者に「(文章の書き方として) 勉強になる記事があったら、その都度、教えてほしい」と頼み、世の中で「おもしろい」「読みやすい」「深い」「鋭い」と評されている文章には、できる限り目を通すようになりました。自分が書く文章との「違い」を見つけ出すためです。

そして、あるとき、はたと気づいたのです。それらの書き手と私のもっとも大きな違いは「文章作成のテクニック」ではなく「思考」と「準備」にあるのではないか、と。

以来、私は、それまでの「なんとなく書くスタイル」から「考えたうえで書くスタイル」「書く前の準備に力を入れるスタイル」へと、書くスタイルを変化させていきました。

そう、「思考」と「準備」に注力するようになったのです。「自己研鑽《じこけんさん》」と称して、独自の思考トレーニングをするようになったのも、このころからです。意外なほど効果はてきめんで、編集者からもらう言葉にも、少しずつ変化が見られるようになりました。

「分かりやすい」「おもしろい」「タメになる」「リズムがある」「視点が鋭い」「洞察力がある」「分析力がある」「説得力がある」などの褒め言葉、そして、いつしか「山口さんらしい文章」という言い方をされるようになりました。もちろん、いい意味での「らしさ」です。

**私には確かな実感があります。それは「書かずして文章がうまくなった」という実感です。**ペンを持つ（パソコンに向かう）前に行ってきた「思考」と「準備」こそが、私の文章力を飛躍的に伸ばしてくれたのです。

ここ数年は、執筆のみならず、講演、研修、セミナーなどで、一般の方向けに文章の書き方をレクチャーする機会が増えました。そのなかで、多くの人が文章を書くことに苦手意識を持っていることに気づきました。

今こそ、「文章迷子」になっている方々に、私が培ってきたノウハウを伝えるタイミングだと感じています。「使える武器」を独り占めするのは趣味ではありません。文書力を鍛えるために私自身が心がけてきたポイントと、書かずに文章がうまくなるトレーニング方法を、惜しみなくシェアしたいと考えています。

「てにをは?」「起承転結?」「接続詞?」「倒置法?」……。文章の勉強って、なんだか面倒くさそうで嫌だなぁ、という方もご安心ください。この本でお伝えするのは、小難しい文章テクニックではなく、文章を書くための「思考」と「準備」についてです。もちろん、「とにかく名文を書き写しましょう」的な「投げっぱなし指導」もしません(笑)。「文章テクニック」や「名文の書き写し」が無意味だとは言いませんが、「思考」と「準備」に比べたら重要度は高くありません。

多くの人が文章を書く段階になって「さて、何を書こう」「さて、どう書こう」と迷い始めます。そして、ゴール地点も定まらないままに書き始め、「書いては消し」をくり返す……。挙げ句、自分でもよく分からない文章を作り上げてしまうのです。あるいは、何の考えもなく、自分が書きたいことを書き殴ってしまうため、読む人にとって「どうでもいい文章」を書いてしまうのです。

これだけは断言しておきます。

**文章を書き始める段階で、文章の良し悪《あ》しは九割方、決まっているものです。**

「思考」と「準備」ができる人の文章が「良し」で、書き始めるまで何も考えず、準備も疎《おろそ》かな人の文章が「悪し」です。

ひとつ例を挙げましょう。

あなたが初めて会ったAさんに対して、「この人とは気が合うかも」と感じたとします。そのときに「なぜ、Aさんと気が合うと感じたのか?」、その理由を考えられる（考えようとする）人と、何も考えない（考えようとしない）人とでは、書く文章に大きな差が生まれます。

なぜなら、仮に「Aさんの紹介文を書こう」となったときに、「気が合う理由」が分かっている前者であれば、説得力のある文章を書くことができますが、「気が合う理由」が分かっていない後者では、説得力のある文章を書くことができないからです。

もちろん、「初対面の相手」は一例にすぎません。どこかに行ったとき、誰かに会ったとき、何かしらの経験や体験をしたとき、はたまた、ある光景や出来事を目にしたとき、モノやサービスに触れたときなどに、目の前の事象の本質を見極められる人、あるいは、自分の感覚や気持ちの理由を考えられる人は、いい文章を書くことができるはずです。

これこそが、思考の差です。一事が万事。**どんなときにも思考を働かせて物事を考え続けることによって、文章を書く筋肉がついていくのです。**

本書では、「分かりやすい文章」や「説得力のある文章」「深みのある文章」「興味を引く文章」を書くために、どのように思考を使えばいいのか、あるいは、どのような準備をすればいいのかについて、具体的に解説します。それと同時に、「思考力」と「準備力」を効果的に鍛えるトレーニング方法もご紹介します。そう、私と同じように、書かずしてうまい文章が書けるようになっていただきます。

トレーニングといっても、その多くがノートやペンを必要としません。道具を使わずに、つまり文章を書かずに、通勤中や食事中、入浴中、散歩中など、いつでもどこでも気軽にできるものばかりです。ほんの二、三分のスキマ時間にチャレンジできるものもたくさんあります。実際に文章を書くわけではないので、文章を書くことに苦手意識がある人でも、きっと楽しみながら取り組めるでしょう。

**「思考」と「準備」が変われば、あなたが書く文章は格段によくなります。**

あなたが仕事で文章を書くのであれば、仕事の成果が上がり、周囲から認められる機会が増えるでしょう。また、あなたが学生なら、リポートや論文で教授から評価されて成績が上がるはずです。もちろん、就活にも有利に働くでしょう。

あるいは、あなたがブログやFacebookで記事を投稿しているのなら、あなたに興味を持って読んでくれるファンが増えるはずです。さらには、メールやLINEでの文章コミュニケーションが円滑になったり、文章を書いてモノやサービスが売れたりと、よいこと尽《ず》くめとなるはずです。

思わぬご褒美もあります。「思考」と「準備」の変化は、あなたの話し方にも変化をもたらします。そう、知らずしらずのうちに、あなたのスピーチ力やプレゼン力、交渉力も向上しているでしょう。文章が上達すると、大きな自信も手に入ります。

**さあ、「書けない呪縛」を解く絶好のチャンスが訪れました。決して書くことなく文章力に磨きをかけていきましょう。**

山口拓朗

# 書かずに文章がうまくなるトレーニング　目次

## 第4章 深みのある文章を書くトレーニング

## 第5章 興味を引く文章を書くトレーニング……215



## 第6章 文章であなたの世界と人生が変わる……283

装　　　丁　萩原弦一郎＋藤塚尚子（デジカル）
本文ＤＴＰ　山中　央
編 集 協 力　株式会社ぷれす
編　　　集　黒川可奈子（サンマーク出版）

# 第1章

# 文章力が総合的に向上するトレーニング

# 1

# 「読み手本位の文章」を心がける

## ～贈り物トレーニング

日本国内で売られているクルマ雑誌の数を知っていますか？

定期刊行物だけでも五十誌以上は存在します。

なぜ、それほど多くのクルマ雑誌が存在するのでしょうか？

少し質問を変えましょう。

クルマ雑誌の読者とは、いったい誰なのでしょうか？

「うーん、クルマが好きな人やクルマの購入を考えている人なんじゃないの」と答えたあなた――間違いではありませんが、残念ながら正解ともいえません。

ここで、クルマ雑誌の読者例を挙げてみましょう。

• クルマの購入を検討している人／ドライブ好きな人／スポーツカー愛好家／キャンピングカー愛好家／旧車愛好家／バン（ワンボックスカー）愛好家／軽自動車愛好家／

４ＷＤ愛好家／トラック愛好家／バス愛好家／クルマの外装や内装をドレスアップするのが好きな人／ＤＩＹ愛好家／カーグッズ愛好家／ガレージにこだわる人／走り屋（速く走るのが好きな人）／カーオーディオ愛好家／自動車レースファン／エコカーが好きな人／ベンツのオーナー／ＢＭＷのオーナー／ＭＩＮＩのオーナー／アメ車のオーナー　など

勘のいい方は、もうお気づきでしょう。五十誌以上あるクルマ雑誌の読者は、それぞれ違うのです。この事実が意味するところについて、よく考えなくてはいけません。

仮に、どこかの出版社がこれから「クルマ好き」向けの雑誌を創刊しても、おそらく、その雑誌はほとんど売れないでしょう。なぜなら、「クルマ好き」という読者設定では、ターゲットが漠然としすぎているからです。

先ほど挙げた「クルマ雑誌の読者例」の通り、ひと言で「クルマ好き」と言っても、一人ひとりの興味や関心事は、まったく異なります。「スポーツカー愛好家」と「軽自動車愛好家」と「自動車レースファン」が求めている情報は同じではありません。だからこそ、五十誌以上あるクルマ雑誌がそれぞれビジネスとして成り立っているのです。

私たちが書く文章においても、クルマ雑誌の売り方と何ら変わりません。**大切なのは、文章の「読み手」、つまり「読者」の設定です。**

仮に、Zさん（男性）がラブレターを書くとして、三年前にA子さんに渡したラブレターと、これからB子さんへ渡すラブレターの文面が同じ、つまり、コピペでOKでしょうか？　OKのはずがありませんよね（笑）。

なぜなら、読み手が違うからです。A子さんとB子さんでは性格や価値観も違えば、興味や関心、Zさんとの共通話題も違います。もっと言えば、A子さんとB子さんでは、それぞれ、Zさんにどれくらい好意を寄せているのか……Zさんへの評価や関心、恋愛感情なども異なるはずです。

ラブレターを書くZさんは、A子さんにはA子さん向けの文章、B子さんにはB子さん向けの文章を書くでしょう。それが正しい文章の書き方です。ラブレターを書くときの、相手の立場で考えるこのスタイルのことを、本書では「読み手本位」と呼びます。

**【読み手本位の文章】**相手の立場&気持ちに寄り添った文章➡望む結果が出やすい
**【書き手本位の文章】**相手の立場&気持ちを無視した文章➡望む結果が出にくい

私たちが目指すのは、もちろん「読み手本位の文章」です。「読み手本位の文章」を書くポイントは次の三点です。いずれも、読者設定を怠ったままクリアすることはほぼ不可能です。

**【ポイント①】**読み手が読みたいことを書く
**【ポイント②】**読み手が興味を持つように書く
**【ポイント③】**できる限り分かりやすく書く

ラブレターであれば意識できる「読み手本位」が、ほかの文章になるとなぜかできない。つまり「書き手本位」になってしまうケースが少なくありません。それは、読み手不在の自己満足な文章です。文章は「書いたら終わり」ではありません。「終わり」があるとしたら、文章の意味やメッセージが読者の胸に届き、望み通りに「文章の目的」を達成したときです。

企画書、報告書、提案書、プレゼン資料、チラシ、ニュースレター、メールマガジン、ブログ、Facebook、小論文、リポート、エッセイ、コラム……。どんな文章を書くときでも、読み手不在の文章を書いてはいけません。

ときどき「不特定多数に向けて書いているので、読者は設定できません」と言う人がいますが、それは、読者設定を怠けているにすぎません。厳しいようですが、「不特定多数」に向けて書くというのは、「誰にも読まれなくてもいい」とサジを投げているようなものです。理由はもうお分かりでしょう。今さら「クルマ好き」向けの雑誌を創刊しても売れないのと同じです。

本書『書かずに文章がうまくなるトレーニング』を例にとりましょう。本書が想定する読者ターゲットは誰でしょうか。プロのモノ書き？　プロのモノ書き志望者？　文章力にさらに磨きをかけたい人？　いずれも違います。本書の読者は「文章を書くことが苦手な人」と「苦手だと思い込んでいる人」です。

したがって、文章力に自信のある人たちには「つまらない」「言われなくても分かっている」と途中で本を閉じられてしまうかもしれません。「買って損した」と恨み節を聞かされるかもしれません。それでも私は一向に気にしません。なぜなら、この本が想定する読者は「文章を書くことが苦手な人」と「苦手だと思い込んでいる人」だからです。想定していない読者に刺さらないのは、ある意味仕方のないことです。

ビジネス文書も例外ではありません。たとえばプレゼン資料。その資料を読むのは誰でしょうか。営業部部長？　それとも、企画部部長？　あるいは重役や社長？　はたまた取引先の担当者？　それともクライアントでしょうか？

同じ部長でも、営業部部長と企画部部長では知りたいことや求めているものが微妙に違うはずです。人それぞれ性格も異なります。読む相手が変われば、盛り込む内容や書き方が変わるのは当然です。

仮に、あなたが会社で、次のようなタイトルの企画書を上司に提出するとします。

**《「地元の強みを活《い》かす」起業プログラム開発の提案》**

この企画書を読んだ上司は、果たして興味を持ってくれるでしょうか？　興味を持つ人もいれば、持たない人もいるはずです。人には個人差があります。しかし、「個人差があるのは仕方ないから」といって、「自分が書きたいことを書いてＯＫ」ではありません。むしろ、個人差があるからこそ、その差に対応する必要があるのです。

そもそも、企画書を読む人（上司）は、どういうタイプなのでしょうか？

①採算を重視するタイプ
②社会貢献を重視するタイプ
③画期的なことが好きなタイプ
④部下の情熱を重視するタイプ
⑤何も考えていないタイプ

上司が⑤のタイプであれば、企画書の内容はあまり関係ないかもしれません。しかし、①〜④の上司に「この企画はいい！」と思ってもらうには、タイプに合わせたアプローチをする必要があります。以下はその一例です。

①採算を重視するタイプ⬇数字を盛り込んで、コストや売り上げ、利益を明確に示す
②社会貢献を重視するタイプ⬇「過疎地域の活性化を図る」など、社会貢献の要素を盛り込む
③画期的なことが好きなタイプ⬇企画の新しさ、斬新さを強調する
④部下の情熱を重視するタイプ⬇企画に対する企画発案者の意欲や情熱をアピールする

このように、読者設定というのは、その読者がどんな興味やニーズを持っているかを把握する作業でもあるのです。「読み手本位の文章」を書くうえで、極めて重要なプロセスです。⑤のタイプに対しても、まったく策がないわけではありません。何も考えていない人に興味を持ってもらうにはどうすればいいか？　それを考え抜くことが「読み手本位の文章」の真髄です。

**読者の興味やニーズを把握している書き手というのは、お客さんの悩みを知り尽くしている敏腕営業マンのようなものです。つまり、相手が欲しがっているものや、知りたがっている情報、読みたがっている文章をスマートに差し出すことができる人です。**理想的な状態といえるでしょう。

文章における「営業センス」を磨くには、次の「贈り物トレーニング」が効果的です。

## ◆贈り物トレーニング

「文章」と「贈り物」はとてもよく似ています。相手が欲しいものを贈れば（書けば）喜ばれますが、相手が欲しくもないものを贈れば（書けば）迷惑になりかねないからです。

贈り物（＝文章）のプロセスは以下の通りです。

【プロセス①】相手（読者）のタイプを知る
【プロセス②】相手（読者）の興味・ニーズを知る
【プロセス③】相手（読者）の興味・ニーズに合ったアプローチをする

今から二十年近く前、私は当時の彼女（現在の妻）に緑色の壺《つぼ》を贈りました。彼女の興味やニーズを把握しもせずに、私はその壺を選んだのです。

複雑な表情の彼女から「拓ちゃん（著者のあだ名）とはこれからも付き合っていきたいからはっきり言うけど……、プレゼントをくれるなら、私が欲しいものをちょうだい」と言われました。ごもっともです（笑）。

プレゼントを受け取った相手から叱られていたくらいですから、当時、私が書いていた文章もさぞかしひどかったはずです。おそらく、自分の書きたいことばかり書いて悦に入っていたのでしょう。「書き手本位」の典型です。

おそらくあなたも、年に何回かは人に贈り物をする機会があるでしょう。その際には、相手に喜ばれる贈り物をしましょう。超実践的な「贈り物トレーニング」です。

・カフェが好きな相手に⬇スターバックスのプリペイドカードを贈る

・本が好きな相手に⬇相手が読みたがっていた本を贈る
・子供が生まれたばかりの相手に⬇ベビー用品（相手の趣味に合わせて）を贈る
・日本酒好きの相手に⬇話題の日本酒、希少な日本酒を贈る
・健康オタクの相手に⬇本人がまだ使ったことのない健康グッズを贈る
・辛いもの好きな相手に⬇珍しい激辛食品を贈る

その贈り物が相手に喜ばれたかどうかは、渡した瞬間の相手の反応に表れます。本当に嬉《うれ》しいときの喜びようは、社交辞令のそれとはちょっと違うはずです。目の輝き、表情、言葉、ジェスチャー、感謝の伝え方……。

**贈り物のセンスを高めるには「仮説」と「検証」が欠かせません。**「この贈り物なら喜んでくれるだろう」という仮説を立てて贈り物を選び、相手の反応を見て「検証」をします。検証を怠ると、いつまで経《た》っても仮説の精度が高まりません。友人や知人、恋人、家族から「あなたの贈り物はいつもセンスがいいわね」と褒められるようになったら、いっぱしの贈り物上手です。

もちろん、相手の興味やニーズを把握するためには、相手に「（さり気なく）質問をする」など、ふだんから意識して相手と接する必要があります。雑談をしているときや、メ

ールでやり取りしているときなどは、実は絶好のリサーチチャンスなのです。

相手の興味やニーズが把握できていれば、贈り物の渡し方にも工夫を凝らすことができます。前もって「〇〇を贈るね」と伝えておくと喜ぶ人もいれば、サプライズ的な贈り方を好む人もいます。これもまたタイプの違いです。間違っても、自分が好きな物を贈ったり、渡す側の勝手な想像で「このシチュエーションで渡せば喜んでくれるはず」と決めつけたりしないことです。

なお、贈り物以外にも「誰かを手伝う」「誰かに貢献する」という行為でも、似たようなトレーニングができます。相手が「してほしい」と思っている手伝い（貢献）をすれば喜ばれますし、そうでなければ迷惑がられます。

相手の興味・ニーズを十分に把握しておくことが肝心です。手伝い（貢献）をした際、相手の反応が鈍かったときは、「何がイケなかったのか?」と検証したうえで、次回以降につなげられるよう改善していきましょう。

# 2 「アウトプット」をして記憶を上手に使う
## ～話す・書くトレーニング

「記憶力」と「文章力」は、切っても切れない関係にあります。文章を書くことには、脳から記憶を引き出す作業が含まれているからです。

情報を脳に記憶させるためには、当然のことながら、情報のインプット（入力）が必要になります。体験や経験、感じたこと、人から聞いた話、本、新聞、雑誌、インターネットなどから仕入れた情報……これらはすべて「インプット」です。ところが、「インプット＝記憶の定着」とは限りません。

脳には一時的に記憶を保存する「短期記憶」と、記憶の保存期間が長い「長期記憶」のふたつの働きがあります。「短期記憶」に一時保存された情報のうち、脳が「これは覚えておくべき重要な情報だ」と判断した情報のみが、「長期記憶」へと移動するのです。

**「長期記憶」はその人専用の「内蔵辞書」となります。この辞書からはいつでも必要に応**

**じて情報を引き出すことができます。** 一方、「長期記憶」に移動しなかった情報（短期記憶）は、その多くが、数時間～数ヶ月で自然に消滅してしまいます。

記者やライターなど、「短期記憶」を上手に活用して文章を書き続けるスタイルの人もいますが、このスタイルを貫くには、取材したその場で原稿を書くなど、なかなかハードな自転車操業が求められます。したがって、プロのモノ書きでない人たちが目指すべきは「長期記憶」の強化ということになります。

では、「短期記憶」から「長期記憶」へと情報を移すにはどうすればいいのでしょうか？　その効果的な方法が、情報のアウトプット（出力）である「話す」ことと「書く」ことです。

そう、アウトプットとは、その人自身が「言葉を使う」ことにほかならないのです。人が話したり書いたりするときには、必ず、次の「①→②」のプロセスが伴います。

**【プロセス①】** 情報を理解する
**【プロセス②】** 情報を整理する

情報の「理解→整理」を行うことによって、「短期記憶」の情報が「長期記憶」へと移動するのです。事実、ふだんから人とよくおしゃべりをしたり、メモを取ったりしている人は、記憶から引き出せる情報量も多いはずです。「話す」や「書く」を通じて、情報の「理解→整理」を行っているからです。

話すことも書くこともせずに、情報の「理解→整理」が行われることはないでしょう。その結果、情報が「短期記憶」にとどまり、そのまま消滅してしまうのです。

**「話す・書く→インプット→また話す・書く→インプット→また話す・書く」**

ふだんからこのサイクルを継続している人は、脳から引き出せる情報の量も多く、「長期記憶」の定着も、より強固になっているはずです。

**【「話す・書く」が習慣化できている人】**

「長期記憶」の量が多い➡脳から引き出せる情報が多い

**【「話す・書く」が習慣化できていない人】**

「長期記憶」の量が少ない➡脳から引き出せる情報が少ない

おそらく、あなたの周りにも「物知り」「博学・博識」「知の巨人」と呼べるような人が一人はいると思います。その人たちをよく観察してみてください。よく話し、よく書く、つまり、アウトプットの達人ではないでしょうか。

逆に言えば、**いくら年に数百冊読む読書家であっても、世界中を駆け巡る旅人であっても、何のアウトプットもしなければ「知の巨人」にはなれません。**「短期記憶」から「長期記憶」へと情報が移動しないからです。

私は映画鑑賞が好きで、年間百本以上の作品を鑑賞しています。興味深いことに、作品の「おもしろい・おもしろくない」にかかわらず、記憶に強く残っている映画とそうでない映画ははっきりと分かれます。その分岐点は「批評文」です。

映画鑑賞後に批評文を書いたときは、「短期記憶」から「長期記憶」へと作品情報（自分が抱いた感情や感想を含む）が移動するのでしょう。数年経っても、脳から自由にそれらの情報を引き出すことができます。逆に、批評文を書かなかった作品のなかには、「あらすじ」さえ思い出せないものもあります。

ちなみに、読書後に「原文丸写し」をすることは、アウトプットの効果としては微弱です。「丸写し」の場合、前述した「情報を理解する→整理する」というプロセスを飛ばしてもできてしまうからです。本の内容を書くときは、「丸写し」ではなく、一度頭で「情報を理解→整理」したのちに、本を見ずに自分の言葉で書くようにしましょう。この方法であれば、「短期記憶」から「長期記憶」へと情報を移すことができます。

## ◈話す・書くトレーニング

「短期記憶」から「長期記憶」へと情報を移すためには、アウトプットの量を増やすトレーニングが有効です。手っ取り早くできるのが「話す・書くトレーニング」、つまり、「話す」機会と「書く」機会を増やす方法です。

- ランチから会社に戻ってきたら、同僚に話す⬇「駅前に新しくできたイタメシ屋さん、恐ろしく安かったよ。前菜、サラダ、スープ、メイン料理、ドリンク付きでたったの八百八十円。こんど行ってみなよ」
- 自宅に帰ったら妻や子供に話す⬇「さっき、電車のなかですごい人を見ちゃったよ。

イスに横になって寝ている人がいたんだけど、なぜか、ちゃんと枕を使っていたんだよ（笑）。どうして枕を持っていたのか、不思議でならない」

• 久しぶりに会った友人に話す⬇「十二月は慌ただしくて嫌になっちゃうよ。繁忙期なうえに、二日に一回は忘年会だから。毎日、胃薬のお世話になっているよ」

「話す相手」や「話す内容」は問いません。もしも「近いうちに文章にしなければいけない事柄」や「ふだんよく書いている事柄」がある場合は、その事柄（テーマ・題材）について、より積極的に話すといいでしょう。

たとえば、アパレルブランド立ち上げの宣伝文章を書く予定がある場合は、新しいブランドのターゲット、コンセプト、特徴、店舗などについて話す。

「野菜の栄養価が下がっている」ことをブログに書く予定がある場合は、具体的な野菜の種類や栄養価が下がった理由、理想的な食べ方などについて話す、という具合です。

ちなみに、「話す」の先には、上級編として「教える」があります。人に教えるためには、相手の質問や疑問に瞬時にかつ的確に答えられなくてはいけません。つまり、人に教えられる準備をしておくことによって、情報の「理解→整理」の処理能力が高まり、加速度的に「長期記憶」の量が増えていくのです。もしもあなたが専門性の高い文章や、ある特定の分野の文章を書いているのなら、より負荷のかかる「教えるトレーニング」で「長期記憶」の強化を図るといいでしょう。

さらに、「話す」と並行してお勧めしたいのが「書くトレーニング」です。このトレーニングでは、感情や感覚、意見や考えなど、自分の内面にある情報を取り上げます。上手な文章、長い文章を書く必要はありません。ノートや手帳やスマホを使って、積極的にメモを取るだけです。一分程度のスキマ時間でもできます。

- 読んだ本のなかで共感したポイントを書く
- 最近人に喜ばれた出来事を書く
- 最近人に褒められた出来事を書く
- 最近大笑いした出来事を書く
- 最近感動した出来事を書く
- 最近失敗したことを書く

・最近腹が立ったことを書く
・今悩んでいることを書く
・成し遂げたい目標を書く
・今欲しいものを書く
・将来の目標を書く
・人にお勧めしたい○○について書く

「内面的なことを人に話すのはためらわれる」という人も、個人的なメモ程度であれば気負うこともないでしょう。自分の内面を書くことで「長期記憶」が強化され、自分の意見や考えが明確になっていきます。

**書くことを通じて、人は思考を深めることができるのです。**

「自分自身がよく分からない」「自分の気持ちがよく見えない」という人であれば、なおさら「書くトレーニング」がてきめんの効果を発揮します。「短期記憶」から「長期記憶」へと情報を移すことによって、記憶から「自分自身（自分の意見や価値観など）」を引き出しやすくなるのです。本当の自分を知る、いいきっかけにもなります。

# 3 自分に問いかけると、文章の質が変わる

## ～自問自答トレーニング

質問です。あなたは自分自身とよく会話をしますか？

「する」と答えた人は、すでに文章巧者かもしれません。一方、「しない」と答えた人は、文章を書くのがあまり得意ではないのかもしれません。

でも、「しない」と答えた人も、ご安心ください。この項でお伝えする「自問自答」を身につけることによって、今日から書く文章が大きく変化するはずです。**「自問自答」とは、自分に「質問」をして、その質問の「答え」を出すこと。このくり返しが「文章を書く」という行為の正体なのです。**


人はあとになってから「本当の価値」に気づくことがあります。たとえば、病気になってから「健康のありがたさ」に気づく。あるいは、親を亡くしてから「親のありがたさ」に気づく。

**失敗体験などもそう。失敗をした瞬間は気落ちして、失敗をマイナスなものとしてとらえがちです。しかし、あとから振り返ったときに、「あの失敗があったから、自分は成長できた」と思うことも少なくありません。**

**私自身もベンチャー企業の社員だったときに、数えきれないほどの失敗をしました。天気予報ふうに言うなら「失敗ときどき成功」という状態です。でも、その失敗体験の数々が起業してから活きています。**

この文章も実は「自問自答」の連続で作られたものです。どのようなやり取りが行われたのか、実況中継をご覧いただきましょう。

自問：今、自分が書きたいメッセージは何だろう？
自答：人はあとになってから「本当の価値」に気づくことがある。このメッセージを書きたいなぁ。
自問：それはおもしろそうだね。何か具体例はあるの？
自答：いくつかあるよ。病気になってから「健康のありがたさ」に気づく、とか。
自問：確かにそうだね（笑）。ほかには？

自答：親なんかもそうじゃない？　亡くしてから、そのありがたさに気づく人は多いよね。
自問：うん、そうかも。「ありがたさ」以外の例は何かある？
自答：そうだなぁ。失敗体験なんてどうだろう。失敗するのって嫌でしょ（笑）。
自問：うん、嫌だ（笑）。
自答：けど、失敗が成長のバネになることも、けっこうあるよね。
自問：なるほど。確かにその側面はあるよね。何か実体験はあるの？
自答：実体験？　うーん、そうそう、自分が今経営者としてやれているのは、失敗体験のお陰なんだよね。とくに以前勤めていたベンチャー企業では、数えきれないほど失敗してきたので……。
自問：そんなに失敗したの？
自答：それはもう。天気予報ふうに言うなら「失敗ときどき成功」という感じ。
自問：それはご苦労様でした（笑）。
自答：うん。でも失敗体験の数々が今に活きていると思う。
自問：なるほど。失敗は未来の原動力になるんだね。

文章の裏では、このような自問自答が行われているのです。これは決して一部の特別な人だけがしているものではありません。自覚していないだけで、すべての人が、すべての文章で行っているものです。

「答え」を出せるのは、自分に「質問」しているからです。もしも、自分に質問することがなければ、人は何も書くことができません。文章の内容というのは――自分の意見や主張を含め――自問によって導き出されていくものなのです。

平凡なことしか書けない人は、自分への質問が平凡なのです。漠然としたことしか書けない人は、自分への質問が漠然としているのです。安直なことしか書けない人は、自分への質問が安直なのです。

逆に言えば、**鋭い文章を書きたければ鋭い質問、具体的に書きたければ具体的な質問、深い文章を書きたければ深い質問をしなければなりません。**

**①　おそらくテレビは生き残るだろう。**

自問：テレビというメディアはなくなってしまうのか？

**②　テレビは、もっと生放送を増やすべきだろう。最近のテレビは「編集」が過剰である。**

**もちろん、テレビの編集力は、番組の魅力を高めるうえで欠かせない武器だとは思う。しかし、その武器に依存しすぎるのは危険だ。リアリティやスリルが失われて、視聴者の気持ちを萎えさせてしまう恐れがあるからだ。**

**編集に依存しない生放送を増やすことによって、かつてのテレビが持っていた、スリリングでおもしろい番組が甦《よみがえ》るのではないだろうか。生放送にしかない臨場感こそ視聴者が求めているもののような気がしてならない。**

自問：テレビというメディアが、魅力を取り戻すために必要なことは何か？

①の文章は「テレビというメディアはなくなってしまうのか？」という質問に答えたものです。この質問自体が悪いわけではありませんが、世の中の多くの人が、今すぐにテレビがなくなることはない、と感じているのではないでしょうか。したがって、その話題にフォーカスしても、読む人に興味を持ってもらうことはできません。

一方、②では、「おそらくテレビは生き残るだろう」という前提のうえで「テレビというメディアが、魅力を取り戻すために必要なことは何か？」と質問しています。これに対する答えを導き出すのは簡単ではありません。しかし、だからこそ答え甲斐《がい》もあり、そこで興味深い持論を展開できれば、読者の満足度が高まるのです。

③ **早食いは危険です。**

自問：早食いはいいことか、悪いことか？

④ **早食いは危険です。**なぜなら、食べ物が口のなかで細かく砕かれず、唾液も十分に混ざらないためです。大きく硬いまま体内へ入った食べ物は、消化器に大きな負担をかけます。その結果、消化器の発病リスクを高めてしまうのです。

しかも、短時間で大量の食べ物が体内に入ると、血糖値が急激に上昇します。すると、血糖値の上昇を抑えるインスリンがすい臓から過剰に分泌されます。インスリンには脂肪細胞の分解を抑制する作用があるため、過剰に分泌されると肥満の原因となるのです。

つまり、「早食い」というのは、それ自体が肥満の主原因なのです。

咀嚼《そしゃく》の目安は、ひと口につき三十回程度。食べ物が唾液と混ざり、おかゆのようになるのが理想とされています。

では、早食いを改善するにはどうしたらいいでしょうか？

「噛《か》んだ回数を数えながら食べるようにしましょう」で解決すればいいのですが、早食いの人は、つい飲み込んでしまうクセがついています。

そこでお勧めなのが、食べ物を一度口に運んだら、お箸をテーブルに置く習慣を身に

**つけることです。お箸が手から離れていれば、当然、次の食べ物を口へ運ぶことができません。その時間を使って、十分に咀嚼できるはずです。**

**また、「食材を大きく切る」「噛みごたえのある食材を使う」「品数を増やして、順番に食べる」「水や汁物と一緒に流し込むのをやめる」なども、早食いを防ぐ方法です。「お箸をテーブルに置く」習慣と一緒に心がけてみましょう。**

自問1：早食いはいいことか、悪いことか？
自問2：なぜ早食いはよくないのか？
自問3：早食いを改善するにはどうしたらいいか？

③の文章は「早食いはいいことか、悪いことか？」という質問に答えたものです。この質問自体が悪いわけでも、「早食いは危険です」という答えが悪いわけでもありません。しかし、この自問自答ひとつきりで終わってしまっては、やはり「底が浅い」文章になってしまいます。

一方、④の文章は「早食いはいいことか、悪いことか？（自問1）」に続いて、「なぜ早食いはよくないのか？（自問2）」「早食いを改善するにはどうしたらいいか？（自問3）」と立て続けに、話を展開するための自問を続けています。ひとつの自問で終わらせずに、そこから導き出した答えを自力で広げていこうと試みています。

もちろん、医療関係者や健康オタクでもなければ、早食いが危険な理由や、その改善策を書くのは簡単ではありません。場合によっては、本やインターネットを活用して資料や文献に当たる必要が出てくるでしょう。しかし、骨を折って導き出した答えは、えてして深みを備えています。自問をしなければ、答えを導き出す努力もしません。それはとてもラクなことですが、そうして書いた文章が「平凡」の域を出ることはありません。


日本の人口減少問題。もう「待ったなし」のところに来ていると言われています。

あなたは、この人口減少問題を解決するために、つまり、人口減少を食い止めるために、どんな対策が有効だと思いますか？

「移民受け入れ」「出産・子育て支援」「出産後の再就職支援」「保育施設の拡充」……まだまだ出てきそうですね。仮に「移民受け入れの必要性」を主張する文章を書くなら、「年間にどれくらいの移民を受け入れればいいか？」「年二十万人ずつ移民を受け入れたら、五十年後にはどうなるか？」など、「移民受け入れ」に関する自問をしていきます。説得力のある文章を書くためには、厳しい自問にも答えていかなければいけません。

**書くという作業は「自問自答」のくり返しです。つまり、文章の質は「自問自答」で決まるのです。**

これまで自分との対話を避けてきた人は、まずは答えやすい質問からスタートし、慣れてきたら、少しずつ鋭い質問を増やしていくのがいいでしょう。ときには、少し意地悪な記者になる必要もあります。自分が答えに窮するような質問をぶつけるのです。「痛いところをついてくるなぁ」という問いにビシっと答えられれば、読み応えのある文章が書けるでしょう。

「自問」をするときには「読者の代わりに質問をする」という意識を持つことも大切です。読者の知りたいことを、読者の代わりに質問するのです。読者の質問に答えられれば、読者が読みたい文章を書くことができます。一方、答えられなければ、読者の読みたい文章を書くことができません。それゆえ、簡単に「自答」を諦めてはいけません。

読者の代わりに自問する習慣が身につくと、いわゆる「先読み力」も磨かれていきます。文章を書くときに、「何を書けば読者は喜んでくれるか？」「何を書けば読者は納得してくれるか？」「何を書けば読者は驚いてくれるか？」という具合に、常に読者の興味やニーズをくみ取りながら文章作成の計画を立てることができるようになります。

最後に、少し話を戻します。先ほど私は「あなたは、この人口減少問題を解決するために、つまり、人口減少を食い止めるために、どんな対策が有効だと思いますか？」と質問しましたが、この文章を読んだときに、「ちょっと待てよ」と思った人は、頭がよく動いている人です。「人口減少問題の解決＝人口減少の食い止め」とは限りません。つまり、私がした質問には偏見が入っているのです。

物事や情報に対して受け身の姿勢でいると、人は「なぜ」を使わなくなります。それでは、真に深い文章、真に鋭い文章を書くことはできません。

**自問自答を有効に機能させるためには、物事や情報に対して能動的に向き合い、場合によってはその場に立ち止まって「ちょっと待てよ」と考える余裕が必要です。**初めの道選びで間違ってしまうと、そのあとでいくら自問自答をくり返しても、本質的なゴールに到着できません。然《しか》るべき道を選んでから自問自答をくり返す。この流れが重要です。

## ◈自問自答トレーニング

昨日参加したマラソン大会について書こうと思ったとき、自分自身にどんな質問をすればいいでしょうか。「完走したの？」と質問をすれば、「完走できた」と答えられます。しかし、それだけでは、おもしろみのない文章になってしまいます。

自分が何かしらの体験や経験をしたときは、自分自身にたくさんの質問をぶつけてみましょう。これが、「自問自答トレーニング」です。実際に書く必要はありません。いろいろな角度から、できるだけたくさんの質問をしましょう。

- 大会名は？
- どういうコースを走ったの？
- 何キロ走ったの？
- 完走したの？
- タイム（順位）は？
- 楽しかった？　苦しかった？
- ペース配分はうまくいった？
- 給水はうまくいった？
- レース前にはどれくらいトレーニングしたの？
- 当日の調子はよかったの？
- 制限時間ってあるの？

・沿道の応援はどうだった？
・優勝者のタイムは？
・どうしてレースに出ようと思ったの？
・マラソンをするとどんないいことがあるの？
・何かおもしろいエピソードはあった？
・周りのランナーでおもしろい人はいた？
・また来年も出場するの？

質問したら、その都度、質問に答えていきます（自問自答は心のなかで行います）。なかには「当日の調子はよかったの？」という質問を受けて初めて「ああ、そういえば、少し睡眠不足で朝から頭がぼうっとしていたなぁ」と気づく人もいます。この「気づき」こそが自問自答の真骨頂です。いくらいいことを書こうと頑張っても、気づいていないことは書けません。でも、気づけば、書けます。**「気づき」は文章の可能性を広げてくれるのです。**

自問自答をひと通り終えたら、こんどは、「これは！」という答えをピックアップして、その答えを掘り下げる形で自問自答をします。

自問：楽しかった？　苦しかった？
自答：前半は楽しかったけど、後半はバテバテでした。
自問：バテバテというと？
自答：足が前に進まず、ラスト五キロは早歩きと変わらないスピードでした。
自問：どうしてバテてしまったの？
自答：ペース配分を無視して飛ばしすぎました。もっと抑えなければいけませんでした。
自問：もっと抑えていたらどうなっていた？
自答：おそらく最後まで同じペースで走れて、自己記録を更新できたでしょう。
自問：バテた原因はほかにもある？
自答：少し脱水症状もありました。
自問：給水をしなかった？
自答：一度だけ給水所で水を取り忘れました。
自問：今後の改善点は？
自答：もっと冷静なレース運びをしないといけないと思いました。オーバーペースも、給水所での取り損ないも、冷静さがあれば防げたと思うので。

掘り下げる形の自問自答は、重点的に書きたい事柄があるときや、ここを掘り下げればおもしろい答えが出てくるかもしれない、と直感が働いたときなどに有効です。

**まずはヨコ方向に広げる自問自答をして、次にタテ方向に深める自問自答をする。このコンビネーションが身につくと、どんな事柄でも書くことができるようになります。**

果たしてどんな質問が飛び出すのか。どんな答えが飛び出すのか。自分との会話を楽しみましょう。

# 4 「ルーチン」を作ると集中力が高まる
## ～スイッチ発見トレーニング

「これから集中力を高めてください」

「これから集中力をゆるめてください」

そんな要望に瞬時に応えて、集中力を自在にコントロールできる人はそうはいないでしょう。

集中力が上がらずに、一通のメールを書くのに三十分以上も費やしてしまった……。

午前中に仕上げなければいけない報告書の作成に夕方までかかってしまった……。

ブログを書くのに一時間以上かかってしまった……。

あなたも似たような経験をしたことがあるのではないでしょうか。集中力をコントロールするには、それなりの鍛錬を必要とします。

プロ野球のイチロー選手がすごいのは、毎試合、同じ集中力（しかもMAXレベル）で試合にのぞんでいる点だと言われています。

イチロー選手は球場入りするときから、試合中、試合後まで、自分のルーチンを完璧にこなします。

屈伸をしてからバットの先端で右、左の順番でスパイクを軽くたたき、左足から打席に入る。スパイクで足元をならしてからバットを下からグルリと回し、右手一本でピッチャーに向かってバットを垂直にかざす。左手ではユニホームの肩をつまみ、袖を軽くたくしあげる。

おなじみ、イチロー選手が打席に入るときのルーチンです。この一連の動作も集中力を高めるためのものだと言われています。ルーチンが集中力を高める手段として有効であることは、学術的にも証明されています。極度に集中し、自分のパフォーマンスを最大限に発揮できる精神状態は「ゾーン」とも呼ばれていますが、ルーチンは、自分を「ゾーン」へ誘《いざな》うためのトリガー（引き金）なのです。

このルーチンを文章作成に使わない手はありません。**集中力がピークの状態で文章を書くことができれば、おのずと文章のクオリティは高まります。**

・朝起きたら散歩を三十分。帰宅してシャワーを浴びてから、パソコンを開き、文章を書き始める。

- 最寄り駅から会社のある駅まで二十五分。電車に乗り込んだらスマホのメモ機能を開き、文章を書き始める。
- 始業時間の一時間前に会社に到着。熱いコーヒーを飲みながら、その日の朝刊に十分で目を通す。新聞を閉じたら、パソコンを起動させて文章を書き始める。
- 帰宅後、夕食をとってお風呂に入ったら、寝室に直行。ベッドの上でノートパソコンを開き、文章を書き始める。

これらはあくまでも一例です。大事なのは、イチロー選手と同様に、文章を書くという行為を、その前後の流れと共にルーチン化することです。文章を書く時間帯はもちろん、書く前の一連の動作を日課にできれば理想です。

もっとも、日課としてルーチンをこなすのは難しい、という方もいるでしょう。そういう方は、書く前の流れは無視して、集中力を瞬間的に高めるための簡易スイッチを用意するといいでしょう。スイッチもまた、くり返し行うことで集中力アップに一役買います。

- 机を水拭きしてから、文章を書き始める。

- 熱いコーヒーをひと口すすってから、文章を書き始める。
- お決まりのBGMをかけてから、文章を書き始める。
- ひと声「よし！」と声を出してから、文章を書き始める。
- 腕時計を外して机の上に置いてから、文章を書き始める。

何がスイッチになるかは人それぞれです。自分が一番乗れる動作をスイッチにしましょう。ベルの音に反応する「パブロフの犬」のように、条件反射的に集中力が高まるようなスイッチが有効に機能している証拠です。

スイッチはあまり難しすぎたり、複雑すぎたりしないほうがいいでしょう。「自分の頬を両手で二度たたく」――それくらいで構いません。

私の場合は、文章を書く直前に大きく腹式呼吸を三回します。この瞬間にスイッチが切り替わります。以前から文章を書いているときに、呼吸が浅くなることに気づいていました。呼吸が浅くなれば、当然、脳の血の巡りも悪くなり、文章作成のパフォーマンスは低下します。もともとはその悪《あ》しきクセを直すために始めた腹式呼吸でしたが、気づけば、集中力を高めるスイッチになっていたのです。

イチロー選手も打席で「フー」と一度大きく息を吐き出していますので、あながちこのスイッチは悪くないのかもしれません。ピンと来た方は試してみてください。

いくらスイッチを入れても、集中力が高まらないときがあります。集中を妨げる「敵」がいるときです。文章を書くときには、この「敵」についても把握しておく必要があります。私の場合、最大の敵は「睡魔」です。睡魔に襲われると、どんなにスイッチを入れても集中力が高まりません。人によっては「睡魔」ではなく、「空腹」が敵だという人もいれば、逆に「満腹」が敵だという人もいるでしょう。また、周りに人がいる状況が敵だという人、逆に周りに人がいない状況が敵だという人もいます。

**自分にとって、集中の妨げとなる「敵」は何なのか、集中力を低下させる「敵」は何なのか――それを知っておけば、リスクヘッジになります。**

ちなみに、私は睡魔に襲われたときは、書くのを諦めてさっさと寝ます（仮眠を含む）。集中力が散漫な状態で書いても、ロクな文章にならないからです。集中力がない状態で駄文を書くくらいなら、散歩にでも出かけたほうがマシです。どうしても書かなくてはいけないならば、トイレに行くなり窓を開けて外の空気を吸うなりして、まずは集中の妨げとなる「敵」を退治する必要があります。

また、「敵」と同じく「誘惑」にも注意が必要です。とくに意識したいのが、インターネットとメールの誘惑です。文章を書くときには、「インターネットを立ち上げない」「メーラーを立ち上げない」「スマホを引き出しに入れる」などして、誘惑を断ち切らなければいけません。一度切れた集中力を回復させるのは容易ではないと肝に銘じておく必要があります。

せっかくルーチンを習慣化しても、「敵」や「誘惑」に集中を遮断されては意味がありません。それぞれ自分なりの対処法を身につけておきましょう。

## ◆スイッチ発見トレーニング

集中力を高めるためのスイッチ。あなたはどんなスイッチを用意しますか？　強引にスイッチを決めても構いませんが、理想はあなた自身が「これだ！」と思う独自のスイッチを見つけることです。スイッチ発見のヒントは、自分のなかにあります。どういう瞬間に集中しやすいか、ふだんの生活を振り返って、自分の傾向をよく見極めましょう。

- パソコンのキーボードを拭く
- メガネを拭く

- ガムを噛む（アメを舐《な》める）
- 机の上を片付ける
- 首を回すストレッチをする

これまで思いがけず集中できた瞬間を思い返してください。そのとき、あなたはどんな環境にいましたか？　どんな感情でいましたか？　どんな動作をしましたか？　着ていた服、あるいは座っていたイス、流れていたBGMにヒントがあるかもしれません。集中していた時間帯や心身のコンディションにヒントがあるかもしれません。

文章を書くことが日課になっている人は、スイッチだけではなく、前後の動作を含めたルーチンについても考えてみましょう。毎日できるものが理想です。「起床して散歩→シャワー→朝食→執筆」と決めたら、そのルーチンを最低でも一ヶ月は続ける。体に覚えこませるまでが頑張りどころです。ルーチンが習慣化すればしめたもの。意識しなくても自然に体が動くようになります。

**文章のクオリティが集中力に大きく左右される以上、集中力の上がり下がりを偶然任せにしていてはいけません。**集中力を自分でコントロールできるようになれば、文章作成にかかる労力も大幅に軽減されるでしょう。

## 5 「締め切り」を設けると速く書ける ～デッドライン設定トレーニング

前項でお伝えした「ルーチン」と併用すると効果絶大な集中力アップ法があります。それは「締め切りを作る」ことです。

たとえば、「今から二十分以内に○○の原稿を書かないと、仕事上、損失が出てしまう」――そんな状況であれば、あなたは、なんとかして二十分以内に原稿を書き上げようとするでしょう。その二十分間の集中力は、相当に高いはずです。

締め切りギリギリになると、神がかり的に力が出る。誰もが一度は似たような経験をしたことがあるはずです。

これは十八年以上に渡って、文章を書いてお金をいただいてきた私自身の経験とも重なります。午前七時。今日中に雑誌の原稿を五本書き上げなければいけない。「そんなのムリだ！」と思いながらも、泣き言を言っている暇はなく、パソコンのキーボードをたたき始める。そんなときの集中力ときたら自分でも驚くほどです。気がつけば、その日の二十三時五十九分に五人目の編集者にメールを送っているのです。完成原稿と共に。この集中力はどこから来るのだろう？　と自分でも不思議になるほどです。

「いつでもできる」と思うと、人はなかなか本気になりません。集中力が上がりません。それどころか、締め切りに余裕がありすぎる場合、多くの人が書くのを先延ばしにして、ギリギリになってから書き始めるのです。特筆すべきは、「余裕」の貯金を食いつぶしたとたんにスイッチが切り替わって、すさまじい集中力が発揮される点です。人間のこうした特性は、脳科学でも証明されており、「デッドライン・ラッシュ（締め切り前に猛然と駆け込むこと）」と呼ばれています。

先ほどの私の経験を思い出してください。編集者に最後の原稿を送ったのは二十三時五十九分とあります。もしも、締め切りが二十三時三十分だったら、どうなっていたでしょう。間に合わないのでしょうか？　答えはノーです。きっと私は、二十三時二十九分に原稿を送っていたことでしょう。

つまり、デッドライン・ラッシュとは「人間の怠け癖」の裏返しなのです。

したがって、**集中力を高めたいときは、強制的に締め切り（＝デッドライン）を設ける**

**という作戦が有効なのです。**おもしろいもので、締め切りを設けて短時間で書いた文章と、締め切りを設けずに書いた文章の質はさほど変わりません。いえ、むしろ、短時間で書いた文章のほうが、質が高いくらいです。おそらくは、ふだんは休眠している潜在能力が「締め切り死守」のミッションを果たすべく引き出されるのでしょう。

## ◆デッドライン設定トレーニング

どんな文章を書くときにも、必ず締め切りを設けましょう。

**ポイントは、自分が「これくらいの時間で書けそう」と思った時間から二割ほど時間を短縮して設定することです。**一時間で書けそうと思ったら五十分後、三十分で書けそうと思ったら二十五分後、十五分で書けそうと思ったら十二分後を締め切りとします。

建前上の締め切りでは効果がありません。厳しめに設定した締め切りは、まさしくデッドライン。そこを越えたら死が待ち受けています（笑）。設定した以上は、何が何でも締め切りを死守しましょう。

前述の通り、そもそも人間には怠け癖があります。「一時間で書けそう」と思った段階で、その一時間に「余裕を持たせている」ケースが多いのです。それが「二割ほど短縮する」理由です。もちろん、より負荷をかけられそうであれば「三割短縮」「五割短縮」という具合に、厳しめにゴール設定をしましょう。

締め切りまでの時間を短くすることで、脳が高速で回転して、目標へと突き進みます。逆に言えば、締め切りがない状態では、脳はなかなか高速で回転してくれません。その結果、自分の潜在的な力を発揮できないまま文章を書き終えてしまうのです。

なお、このトレーニングは文章執筆以外のあらゆるシチュエーションに応用できます。

- 出勤するまでの時間を十分短縮する
- メールチェックに費やす時間を十五分短縮する
- 残業時間を三十分短縮する
- 商品の納期時期を一日早める
- 自分の目標達成時期を一ヶ月早める
- 自分の夢の実現時期を一年早める

**締め切りを早めに設定することで、行動力や作業処理能力が驚くほどアップします。**一度効果を実感すると、デッドラインの力を借りずにはいられなくなるでしょう。

トレーニング当初は、どうしても締め切りに間に合わないときもあるかもしれません。しかし、そこで落ち込む必要はありません。人には「適応能力」があります。くり返しチャレンジすることで、締め切りをクリアする回数が少しずつ増えていきます。「集中して速く書けるようになった！」という実感は、あなたに大きな自信をもたらすでしょう。

# 6 表現の引き出しを増やす
## ～類語ひねり出しトレーニング

無限にある表現のなかから、書き手がどの表現を選びとるか。そのプロセスに文章の才能・センスが表れます。表現の引き出しが多いほど文章作成は有利になります。どの引き出しを使うのがいいのか？　数ある表現候補のなかから最適なひとつを選びとる。そのくり返しによって文章は作られていきます。

たとえば、都内へ向かうラッシュ時の車内。どんな言葉で表現できるでしょうか。

- 大混雑の車内
- 混み合った車内
- ごった返す車内
- 人であふれかえる車内
- 人で身動きが取れない車内

・大勢の人が乗り合わせた車内
・すし詰めの車内
・ぎゅうぎゅう詰めの車内
・押し合いへし合いの車内
・人で埋め尽くされた車内
・ひしめき合う車内
・人でパンパンにふくれ上がった車内
・乗車率二〇〇パーセントオーバーの車内

ざっと挙げてみました。「どの言葉を選んでも大差ないのでは？」と思うかもしれませんが、実際には言葉の持つ意味やニュアンスはそれぞれ異なります。「微差が大差を生む」という言葉の通り、文章でも「わずかな違い」と「その積み重ね」が出来を左右するのです。**そのときの状況や書き手の実感、伝えたいイメージ、文章を書く目的……。これらを勘案して最適な言葉を選べる人は、人の心に響く文章を書ける人です。**

では次に、あなたの周りにいる「おとなしい人」を思い浮かべてください。あなたは、その人をどのような言葉で表現しますか？

- おとなしい人
- 優しい人
- 物静かな人
- 寡黙な人
- 無口な人
- 落ち着いた人
- 暗い人
- 物腰の柔らかい人
- 穏やかな人
- 穏和な人
- 温厚な人
- ソフトな人
- マイルドな人
- マイペースな人

先ほどと同様、どんな表現を選ぶかによって、読む人が受ける印象は変わります。たとえば「寡黙な人」と「マイペースな人」では、イメージする人物像も違うはずです。Aさんも「おとなしい人」でBさんも「おとなしい人」では、読む人にはAさんとBさんの違いが伝わりません。伝達力と表現力に乏しい文章です。読む人に「よく分からないなぁ」と首をひねられても文句は言えません。

① **突然、和也が笑い出した。**

「笑う」という様子を書くとき、多くの人が①のような表現を選びがちです。もちろん、この表現自体が悪いというわけではありませんが、書き手の頭にいくつか候補があったうえで「笑う」を選んだのか、そもそも「笑う」しか思いつかなかったのかでは天と地ほどの差があります。**文章作成の自由度を高めるためには、表現の引き出しを豊富に用意しておき、いつでも自由に「選べる」状態にしておく必要があります。**

では、①以外の言い回しで「笑う」を表現してみましょう。

② **突然、和也の顔がほころんだ。**

**③　突然、和也が白い歯をのぞかせた。**

**④　突然、和也がにやりとした。**

**⑤　突然、和也が表情をゆるめた。**

**⑥　突然、和也が口角を上げた。**

**⑦　突然、和也が相好を崩した。**

②〜⑦はいずれも「笑う」という言葉を使わずに「笑う」を表現しています。「突然、和也の顔が幸せ色に染まった」「突然、和也の口からキャッキャッと楽しそうな声がもれた」という具合に、独自の表現を思いついた人もいるでしょう。もちろん、①〜⑦はそれぞれ微妙にニュアンスが異なりますので、最後は書き手自身が理想の表現を選ばなくてはなりません。

手持ちの切り札が多いほど、カードゲームで勝つ確率は高まります。文章も同じです。

手の内には、常に切り札となる表現をたくさん用意しておきましょう。

## ◈類語ひねり出しトレーニング

表現の引き出しを増やすには、「類語ひねり出しトレーニング」が有効です。類語とは意味の似かよった言葉のことです（類義語とも言います）。ひとつの言葉を思い浮かべたら、その言葉の類語を挙げていきます。ひねり出す表現は、いわゆる「紋切り型」でも、独自の表現でも構いません。

【類語ひねり出しトレーニング　お題「元気な人」】

・はきはきした人／いきいきした人／明朗快活な人／明るい人／陽気な人／愉快な人／ノリのいい人／天真爛漫《てんしんらんまん》な人／屈託のない人／エネルギッシュな人／きびきびした人／パワーのある人／若々しい人／フレッシュな人／積極的な人／意欲旺盛な人／痛快な人／健康的な人／楽天的な人　など

ほかにもまだまだ出そうですね。厳密に言えば、「積極的な人」や「楽天的な人」などは、「元気な人」とイコールではありません。しかし、このトレーニングではニュアンスが近ければOKとします。頭を柔らかくして表現の幅を広げることが目的だからです。ひねり出した類語の良し悪しをジャッジするのではなく、ゲーム感覚でどんどん出していきましょう。ひねり出した言葉を口に出す、もしくは書くと「長期記憶」も強化されて一石二鳥です。

以下のお題にもチャレンジしてください。大人数でやっても盛り上がります。

- 頭のいい人➡クレバーな人　など
- まっすぐな思い➡真摯な思い　など
- 美しい女性➡まばゆい女性　など
- 静かな商店街➡閑散とした商店街　など
- 圧倒的な成績➡突出した成績　など
- 勇敢な戦士➡たくましい戦士　など
- 不愉快な出来事➡むしずが走る出来事　など

トレーニングを終えたら、答え合わせを兼ねて、類語を確認してみましょう。最近はインターネット上に、類語を扱ったサイトがいくつもあります。トレーニング後に調べることによって、より語彙力がアップするはずです。

なお、**あなたが書く文章の分野が決まっているようであれば、その分野の語彙を集中的に増やすことをお勧めします。**たとえば、服飾関係の広報をしているのであれば、「おしゃれ」にまつわる類語——小粋な／スタイリッシュな／シックな／エレガントななど——を増やしておけば、仕事で文章を書くときに重宝します。

もちろん、語彙を増やす手段としては「読書」も有効です。

雑誌や本は表現の宝庫です。一冊の雑誌・本のなかには「同じ（似た）意味」を示す、まったく違う表現が多数登場します。同一分野の本を数冊読めば、芋づる式にその分野の語彙を集めることができるでしょう。

# 第2章

# 分かりやすい文章を書くトレーニング

# 7

## 結論を明確にすると伝わる

### ～モノサシ決めトレーニング

時間をかけて読んでも結論が一向に見えずイライラ……。そんなじれったい文章に出会うことはありませんか？

読む人に「それで結論は？」「この人はいったい何を言いたいの？」と思われた時点でアウトです。「もう二度とコイツの書く文章は読まない」と愛想を尽かされてしまうかもしれません。あなたがビジネスパーソンなら、周囲から「仕事ができない人」という烙印《らくいん》を押される恐れもあります。

**A案は、利益率こそ高いものの、コストがかさみます。B案は、利益率は低いのですが、コストは抑えられます。どちらにも一長一短があるので悩ましいところです。どちらが今回のプロジェクトに適しているのか、もう少し検討したいと思います。**

この文章自体が悪いわけではありません。比較検討し、迷うことは誰にでもあるでしょう。とはいえ、毎回どっちつかずの文章ばかり書いていたら、読まされるほうは苦痛で仕方ありません。「いい加減、どちらかに決められないの？」とイライラするのではないでしょうか。

それにしても、どうして結論を書けないのでしょうか？　実は……結論を書けないのではなく、結論を出せていないのです。もっと言えば、「考えていない」のです。「いやいや、考えていますって。でも、結論が出ないから困っているんです」と反論する人もいるかもしれません。それでもやはり、いつまでも結論を出せない人は「考えていない」と言わざるを得ません。

たとえば、あなたが飲食店に行って注文するときに、「あれも食べたいなぁ。これも食べたいなぁ」と悩んだ挙げ句、「やっぱり決められない。注文するのをやめた！」となるでしょうか？　なりませんよね。万が一、そこで本当に注文を決められないとしたら、それは「考えた」ことになるのでしょうか？　私はならないと思います。

もちろん、仕入れた情報を精査したり、情報同士を比較したりすることが、結論を導き出すうえで重要なプロセスであることは認めます。しかし、最終的に結論を出せなければ、それは「高みの見物」をしているのと同じです。言い換えれば「当事者意識が低い状態」です。

もう少し「考える」ことについて、掘り下げていきましょう。なぜ結論を出せないかというと、結論を出すためのモノサシ、つまり基準を持っていないからです。

・カロリーが低いものにしよう
・値段が安いものにしよう
・栄養価が高いものにしよう
・人気メニューにしよう
・今日は和食（洋食／中華など）にしよう

これらもモノサシです。

・ほかの人が注文していないものにしよう
・これまでに食べたことがないものにしよう
・あえて、食べたくないものを選ぼう

少しひねくれているものもありますが（笑）、これらも立派なモノサシです。

・直感で……

これもまたモノサシでしょう。

モノサシの種類はどうあれ、モノサシを用意することによって、人は結論を出せるのです。もちろん、私たちが直面する問題の多くは、飲食店での注文決めほど単純ではありません。ウン千万円が動くビジネスの案件で、そう簡単にAかBか決められないケースもあるでしょう。とはいえ、モノサシがなければ、いつまで経《た》っても結論は導き出せません。

「でも、そのモノサシというのが、よく分からないんです……」という方は、先にモノサシを決める必要があります。**モノサシさえ決まれば、あとは、そのモノサシを使って判断を下すだけです。**

もしも「モノサシ」をたくさん持ちすぎている場合は、モノサシに「優先順位」をつける必要があります。モノサシの優先順位が明確な人は、その結論を出した理由を聞かれたときに即答することができます。もちろん、文章化するときには理路整然と「結論↓理由」の流れで書くことができます。

**① 検討した結果、今回のプロジェクトでは、利益率が高いA案を採用することにしました。**

**② 検討した結果、今回のプロジェクトでは、コストが抑えられるB案を採用することにしました。**

先ほどとは異なり、①や②は結論のある文章です。このような文章を書けるのは、何かしらのモノサシを持っている証拠です。①の書き手は「利益率」というモノサシを最優先し、②の書き手は「コスト」というモノサシを最優先したわけです。

**映画『○○』を鑑賞しました。おもしろかったような、つまらなかったような（笑）。**

「映画を鑑賞した」という文章で、どれだけの人が「おもしろかったような、つまらなかったような（笑）」という感想を読みたいでしょうか。厳しいことを言うようですが、この文章が表しているのは、映画の良し悪《あ》し以上に、判断基準となる「モノサシ」を持っていない書き手の意識の低さではないでしょうか。

**映画『○○』を鑑賞しました。３Ｄを駆使したアクションシーンでは手に汗握りました。一方、人間ドラマが希薄なうえリアリティに乏しく、物語に感情移入できませんでした。**

「アクションシーン＝手に汗握った（＝おもしろかった）」「人間ドラマ＝希薄なうえリアリティに乏しい（＝つまらなかった）」と、あえて作品に対する評価を細分化して書いた文章です。先ほどの文章よりも、「おもしろい・つまらない」のモノサシが明確になりました。もちろん、書き手が「映画はアクションがすべて」と思うのであれば次の③のように、「映画は人間ドラマがすべて」と思うのであれば④のように書けばいいでしょう。

③　**映画『○○』を鑑賞しました。３Ｄを駆使したアクションシーンでは手に汗握りました。最高におもしろい映画です！**

**④　映画『○○』を鑑賞しました。人間ドラマが希薄なうえリアリティに乏しく、物語に感情移入できませんでした。つまらない映画でした。**

③と④は正反対の感想ですが、書き手のモノサシを用いて書いた文章であることには違いありません。読み手の共感を得られるかどうかは別にしても、「おもしろかったような、つまらなかったような（笑）」という「のっぺらぼうな文章」よりは、数段マシではないでしょうか。

## ◆モノサシ決めトレーニング

日常生活では、判断を求められる機会が数えきれないほどあります。たとえば、私はカフェで仕事をするのが好きなので、カフェを選ぶときは「長居できるかどうか」をモノサシに選ぶことがほとんどです。私がカフェを選ぶときに使うモノサシの優先順位は、次の通りです。

①長居できる

②分煙されている
③騒々しくない
④コーヒーがおいしい
⑤テーブルが広い
⑥雰囲気が明るい
⑦コーヒーが安い

①の「長居できる」は、私にとってかなり重要なモノサシです。多少値段が高くても、多少雰囲気が暗くても、多少テーブルが狭くても、長居できそうなカフェであれば「よし、入ろう」と判断を下します。逆に、「長居できそうにない」と判断したカフェには、よほどのことがない限り入りません。

では、あなたは以下のような状況に置かれたときに、どのようなモノサシを使って結論を導き出しますか？「モノサシ決めトレーニング」に挑戦してみましょう。

**【モノサシ決めトレーニング　お題「転職するとしたらどんな基準で会社を選ぶか？」】**

・会社の実績／会社の規模／会社の知名度／会社の将来性／会社の理念／事業内容／経

営者や上層部の魅力／自分のキャリア設計との親和性／給料／昇給／昇進状況／福利厚生／休暇制度／現場の雰囲気（社風）／社員間の人間関係／周囲の評価／勤務地／転勤の有無／やりたい仕事ができるかどうか／ワークライフバランス　など

ほかにも、あなたなりのモノサシがあるかもしれません。候補は、いくつ挙げてもＯＫです。モノサシ候補を挙げたら、続いて優先順位をつけましょう。次のような具合です。

優先順位①：やりたい仕事ができるかどうか
優先順位②：給料
優先順位③：現場の雰囲気（社風）

優先順位トップ３のモノサシすべてに適合した会社であれば、その会社は、あなたにとって理想の転職先になる可能性が高いはずです。くり返しになりますが、**まずは「モノサシありき」です。モノサシがなければ判断が下せません。仮に、モノサシのない状態で判断を下せたとしたら、それは根拠不在の判断です。**つまり、「何も考えず」に転職先を決めた、ということ。モノサシを活用した転職との差は歴然としています。モノサシなき判断には、大きなリスクがあると心得ておきましょう。

以下のお題にも挑戦しましょう。「モノサシ候補を挙げる↓優先順位をつける」の順で行ってください。

- 一人旅に出るとしたら、目的地をどこにするか?⬇世界遺産の多い国／プロサッカーリーグ観戦ができる国　など
- 日本以外の場所に移住するとしたら、移住先をどこにするか?⬇タックス・ヘイヴン（租税回避地）の国／年間の平均気温が二〇度前後の国／英語圏　など
- 週末にアルバイトをするとしたら、どんなアルバイト先が理想か?⬇勤務時間が五時間以内／体力を使わない座り仕事　など
- 結婚相手を探すとしたら、どんな人が理想か?⬇清潔感のある人／歳の差は前後五歳まで　など

モノサシ候補を挙げるなかで、自分の価値観に気づくことも少なくありません。「自分はこんな判断基準を持っていたのか」と。

実は、このトレーニングの裏目的は「自分自身を知る」ことなのです。逆に言えば、

「一人旅に出るとしたら？　フランスに決まってるじゃん！」と即答できる人は、すでに自分なりの判断基準を持っている人だといえるでしょう。

**意識的にトレーニングするとき以外にも、日常生活で何かしらの判断・選択が求められたときは、できる限りスピーディに「モノサシ候補を挙げる→優先順位をつける→結論を出す」を行いましょう。** この流れが習慣化されていくと、結論を明確に打ち出した文章が書けるようになります。

# 8 冗長な文章では、誰にも読まれない

## ～文章半分削りトレーニング

自分が書きたいことをダラダラと書く。

一部の人の文章に見られる「悪しき習慣」です。

ダラダラと書いた結果、冗長になることは珍しくありません。「冗長」とは、ムダが多くて長たらしいこと。「冗長な文章」は、たいがい分かりにくく、読む人の頭に入ってきません。ムダな文章は、読む人にとっての「邪魔」にほかならないのです。書き手が「みんな、最後まで読んでくれるだろう」と考えるのは大きな勘違いです。

**「この文章を読みたいと思っている人は、世の中に一人もいない」**

大げさではなく、文章を書くときには、これくらい厳しい前提に立つ必要があります。この前提に立つと「誰も読みたいと思っていない」なら、どうすれば読んでもらえるだろうか？　と「読み手本位」で考えるようになります。当然、冗長な文章の「有害ぶり」に

も気づきます。

**私たちが目指すべきは、「冗長」の対極にある、ムダのない簡潔な文章です。**

とはいえ、簡潔な文章は、書こうと思って簡単に書けるものではありません。意識していても、ついムダを盛り込んでしまうのが人間だからです。そこでお勧めしたいのが、文章を一度書き上げてから、ムダな文章を削っていく方法です。

私はこの方法を「情熱で書いて、冷静で直す」と名づけています。原石を削って磨いて宝石にするように、文章も削って磨いて質を高めていくのです。

文章を書くときは、あまり細かい点を気にせずに、まずは一気に書き上げます。「情熱で書く」イメージです。書き終えたら、ほてった頭をクールダウンして、文章を直します。「冷静で直す」イメージです。この「冷静で直す」のなかに「削る」作業も含まれます。

高度経済成長と共にじわじわと養成されてきた終身雇用や年功序列が崩壊して久しい今だからこそ、私は腹を決めてあえて本気で提言してみようと思うのです。たとえ長く勤めていたとしても、所属する会社に依存して生きていくのは危険である、と。万が一のときのためにも、依存という名の「足かせ」を外しておかなければいけないのです。現に、世の中には、会社から突然リストラ宣告を受けて、再就職もままならないまま路

**頭に迷っている人がゴマンといます。会社への依存は、その人自身の生命力を低下させてしまううえ、うちに秘めた能力と未来の可能性にフタをすることになるのです。世の中にはさまざまな意見があるでしょうし、いろいろとご批判もあるかとは思いますが、私はそんなふうに考えています。**

この文章の意味が分からないという人は、おそらくいないでしょう。論理自体が破綻しているわけではありません。しかし、ものすごく分かりやすいかといえば、答えはノーではないでしょうか。「なんとなく」は理解できるけど、要点がパっと入ってこない。何もかんでもダラダラと板書する教えベタな先生のような文章です。

では、この文章からムダを削ってみましょう。

**私はあえて提言します。終身雇用や年功序列が崩壊した今、会社に依存して生きるのは危険である、と。会社への依存は、その人自身の生命力を低下させるうえ、うちに秘めた能力と未来の可能性にフタをします。万が一のときのためにも、依存という「足かせ」を外さなくてはいけません。**

原文の半分以下になりました。ムダを削ると何が起きるのでしょうか？　実は、伝えたいメッセージが光るのです。

しかも、読み手にとっては、より読みやすく、理解しやすい文章になります。一石二鳥どころか、三鳥も四鳥もあるのです。

**プロジェクトAのリーダーでもある鈴木部長は、昨年末より過密スケジュールで動いているため、先日稼働を再開したタイの自社工場へ視察に行く時間が取れません。したがって、常に持ち歩いているタブレットを活用するなどして、現地作業員と頻繁にメールで連絡を取り合うようにしています。**

この文章を「冷静」で直しましょう。

**鈴木部長は過密スケジュールで動いているため、タイの自社工場へ視察に行く時間が取れません。したがって、現地作業員と頻繁にメールで連絡を取り合っています。**

原文から不要な情報を削った修正文のほうが、読みやすく、伝わりやすくなりました。

**伝えるべきメッセージと関連性の弱い情報は、できる限り省くのが「冷静で直す」の鉄則です。**

もちろん、どうしてもそこを伝えなければいけないようなら、「プロジェクトAのリーダーでもある」や「先日稼働を再開した」「タブレットを活用するなどして」などを残せばOK。何を削って何を残すかは、情報の優先順位によります。

どうして原文のような「冗長な文章」になってしまうのかというと、「書きっぱなし」だからです。つまり、「書き上げてから、ムダな情報を削る作業をしていない」ということ。「情熱で書く」ことはもちろん大事ですが、それと同じくらい「冷静で直す」ことも大事なのです。

プロの作家やライターでさえ、その多くの人が、一度書いた文章を見直して、ムダな情報を削《そ》ぎ落としています。なぜなら、彼らは経験上、文章にムダがあると読みにくくなることを知っているからです。ムダな情報に引っぱられて、重要な情報も希釈されてしまいます。

プロの端くれである私自身も、もしも「文章を書くうえで何が重要ですか？」と質問を受けたら、そのトップ3に「ムダを削る推敲《すいこう》作業《さぎょう》」を入れます。事実、書くことと同等、いえ、それ以上にムダを削るプロセスに力を入れています。

映画、ドラマ、ドキュメンタリー、動画コンテンツなども、おもしろいもの、よくできたものほど編集に力を入れています。つまり、ムダなく簡潔にまとめられているのです。どうやら冗長が嫌われるのは文章だけではないようです。

## ◆文章半分削りトレーニング

文章を書くという行為は、情報を整理して文字化するプロセスにほかなりません。情報整理がうまくいくと、重要な情報を分かりやすく伝えることができます。一方、情報整理がルーズだと、どれが本当に重要な情報なのかが分かりにくくなります。

そこでお勧めしたいのが「文章半分削りトレーニング」です。何か文章を目にしたときがトレーニング開始の合図。その文章を頭のなかで半分程度削ります。

あるブログに次のような文章が書かれていたとします。

**先日、ものぐさな私は、テレビで話題の人気ショップで買ったお気に入りのワンピースを着て、会社員時代によく通った青山のフレンチレストランの横にオープンしたばか**

**りのネイルサロンに出かけました。**

この文章を半分程度削ります。

**先日、私は、お気に入りのワンピースを着て、青山のネイルサロンに出かけました。**

原文では九十三文字あった文章が、半分以下の三十八文字になりました。

他人が書いた文章の情報に優先順位をつけるのは難しいかもしれませんが、トレーニングでは自分の基準でＯＫです。「自分だったら、これくらい簡潔に書く！」という気持ちで削りましょう。

あなたが「この文章では少し物足りないなぁ」「もっと情報を盛り込んだほうがよさそう」と判断した場合は、あとから必要な情報を加えればいいでしょう。

**先日、私は、テレビで話題の人気ショップで買ったお気に入りのワンピースを着て、青山のネイルサロンに出かけました。**

**先日、私は、お気に入りのワンピースを着て、青山にオープンしたばかりのネイルサロンに出かけました。**

「テレビで話題の人気ショップで買った」を残して前者のような文章にしてもヨシ、「青山にオープンしたばかりの」を残して後者のような文章にしてもヨシです。

部屋を整理するときに「部屋のなかのものを半分捨てなければいけない」という条件があるとしたら、あなたは何から捨てますか？　おそらく「要らないもの」から捨てるでしょう。「大事なもの」や「必要なもの」から捨てる人はいません。

「文章半分削りトレーニング」にも同じような効果があります。**なかば強制的に情報を整理することで「大事なもの」「必要なもの」だけが残るのです。**

部屋のものを捨てられずに困るのは自分ですが、文章で不必要な情報を捨てられないと、読む人に負担や迷惑がかかります。「文章は誰のものか？」、そんな禅問答のような質問をふっかける気はありませんが、間違いなく言えるのは、「書き手」だけのものではないということ。半分、いえ、半分以上は「読み手」のものではないでしょうか。自分が書きたいことを書きたいだけ書けばいい、というものではないのです。

もちろん、実際には、三、四割、あるいは一割程度しか削れないケースもあるはずです（簡潔に書かれている文章ほど削れません）。しかし、大事なのは、一度は「半分削るとしたら、どこを削ろう？」と考えることです。そう考えることによって、情報の要不要を見極める力が磨かれるのです。

# 9

## とにかく具体的に書く
### ～「抽象→具体」の置き換えトレーニング

**とにかく具体的に書く。これだけで文章力は向上します。なぜなら「言葉」は、それ自体が「抽象」的、つまり「あいまい」だからです。**

愛、友情、青春、癒やし、哲学、優しさ、憎悪、有機的、応用、人生、夢、知恵、欲望、哀れみ、喜び、健康、信念、信頼、確信、本気、努力、ウソ、教育、使命、許し、恥、希望、成長、受容、堕落、喜び、期待、ストレス、幸せ……。

もしも、これらの言葉の解説を百人に書かせたら、百人百様の解説を読むことができるでしょう。

一見「共通認識」のうえに成り立っているように見えますが、残念ながら、言葉の多くは「自己解釈」のうえに成り立っているのです。

たとえば「責任を取る」という言葉の意味。責任を取ることとはAさんにとっては「頭を下げること」で、Bさんにとっては「〇〇を辞めること」で、Cさんにとっては「お金を払うこと」……というケースは、世の中に山ほどあります。

よく使われる「愛」はどうでしょう。残念ながら「愛」単体では、書き手が認識する意味を伝え切ることはできません。書き手が思っている「愛」と、読み手が思っている「愛」は一緒ではないからです。「愛とは、あらゆる困難から、その人を守る自己犠牲の精神である」と書く人もいれば、「愛とは、あえてその人を傷つけて、人生の学びを与える手段である」と書く人もいます。あなたが「愛」について具体的に書いて初めて「あなたが認識する愛の意味」が読む人に伝わるのです。

「分かりやすい文章」を書く第一歩は、言葉の具体化にあります。具体化しない限り、書き手と読み手の間にある溝を埋めることはできません。あなたにもし「察してほしい」という気持ちがあるなら、その書き手本位な気持ちは捨てたほうがいいでしょう。

**①　大ちゃんは、とても勉強ができる子です。**

**②　大ちゃんは、全国模試で三年連続トップ10入りするほど勉強ができる子です。**

①と②の文章を読んだとき、分かりやすいのは、②ではないでしょうか。なぜなら、①の「とても」は「抽象的」で、②の「全国模試で三年連続トップ10入り」は「具体的」だからです。

抽象的な文章ばかり書いている人は、知らない間に損をしているかもしれません。なぜなら、言葉が抽象的だと、読む人に理解されにくいからです。事実、「とても勉強ができる子」と言われたとき、あなたは、頭の良さを漠然としかイメージできなかったはずです。一方で、「全国模試で三年連続トップ10入り」は、理解しやすい文章です。自己解釈の余地がなく、読んだ瞬間に「超秀才ぶり」が具体的にイメージできます。

**村田係長　明日の会議ですが、参加者が少し増えるので、資料を多めに印刷しておいてください。また、佐藤専務の予定が詰まっているそうなので、いつもより早めに会議を切り上げましょう。議事進行をよろしくお願いします。**

上司からこのメールを受け取った村田係長は、少し増えるって、どれくらい増えるの？　多めに印刷って、どれくらい印刷すればいいの？　いつもより早めって、どれくらい早め？　と頭のなかが疑問だらけになるのではないでしょうか。このように、仕事で使うメールで「少し」「多め」「早め」など抽象的な言葉を使うと、相手に負担をかけてしまいます。当然、ミスや混乱が生じる確率も高くなります。

では、次の具体的な文章ではどうでしょうか？

**村田係長　明日の会議ですが、参加者が五名増えるので、企画資料を計十二部印刷しておいてください。また、佐藤専務の予定が詰まっているそうなので、十五時三十分までには会議を切り上げましょう。議事進行をよろしくお願いします。**

「五名」「計十二部」「十五時三十分」などの具体性を盛り込んだこの文章であれば、村田係長が困ることはありません。参加人数（十二名）分の資料を印刷するほか、会議を切り上げなければいけない時間も把握しているので、あらかじめ議事進行の時間配分を考えておくこともできます。

部下が抜かりなく動いてくれれば、当然、上司もその恩恵を受けるはずです。具体的な文章を書ける人は、周囲に負担をかけない人であり、なおかつ、自分が望む最良の結果を得られる人なのです。

抽象的な文：弊社で運営を任されたA社のホームページですが、アクセス数はうなぎのぼり。来客数も爆発的に増えたそうです。

具体的な文：弊社で運営を任されてから半年、A社のホームページへのアクセス数は、月間三千ページビューから三万ページビューへとアップ。来客数も一日平均百名と従来の三倍になりました。

抽象的な文：賛成多数まであと少し足りなかった。

具体的な文：賛成多数まであと十五票足りなかった。

抽象的な文：毎日、睡眠はたっぷりと取っている。

具体的な文：毎日、睡眠はたっぷりと七時間は取っている。

抽象的な文：駅から展示場までは、そこその距離があります。

具体的な文：駅から展示場までは、約二キロ。歩いて二十五分かかります。

抽象的な文：アクティブで若々しい女性をターゲットにしています。

**具体的な文：仕事にも趣味にも恋愛にも意欲的な二十歳代の女性をターゲットにしています。**

**抽象的な文：業績を回復させるまでに少し時間が欲しい。**
**具体的な文：業績を回復させるまでに最低でも半年は欲しい。**

**抽象的な文：原稿を早めにいただけると助かります。**
**具体的な文：原稿を来週十一日木曜日の正午までにいただけると助かります。**

いずれの文例も、頭にパっと入ってくるのは、後者の「具体的な文」でしょう。この「分かりやすさ」こそが、言葉を具体的に書くメリットです。
くどいようですが、冒頭の一文をもう一度くり返します。

**「とにかく具体的に書く」**
**文章巧者を目指すなら、確実に押さえておきたい文章作成の基本です。**

## ◈「抽象→具体」の置き換えトレーニング

具体的な文章を書くためには、日ごろから抽象的な言葉を使わないよう心がける必要があります。「抽象的な言葉」とは「あいまいな言葉」とほぼ同義です。

【抽象的な言葉の例】

・しばらく／けっこう／相当／かなり／非常に／ある程度／わりと／すごく／ずいぶん／よほど／とくに／やけに／たっぷり／多数の／多量の／大勢の／豊富な／盛りだくさんの／がっつり／異常に／極端に／極めて／ひときわ／格段に／あまりに／すさまじい／はなはだ／たいそう／実に／ことのほか／大いに／ときどき／なかなか／たまに／しばし／頻繁に／よく／とても／多少／少し／やや／めっきり／ちょっと／そこそこ／どんどん／それなりに／まあまあ／相応に／めちゃめちゃ／えらく／著しく／さっさと／早々に／ある程度／適当に／適度に／普通に／ぼちぼち／やばい　など

抽象的な言葉を使わないトレーニングとして有効なのが、『抽象→具体』の置き換えトレーニング」です。口に出す前に置き換えられれば理想ですが、会話では、思わず抽象的な言葉を口にしてしまうこともあるでしょう。そういうときは、抽象的な言葉を言ったすぐあとに、具体的な言葉をつけ足しましょう。

たとえば「残業？　もう少しかかりそうかな」と言った瞬間に「あ、もう少し具体的に言えたな」と思ったなら、間髪をいれずに「あと一時間ほどで片付くとは思うけど」などとつけ足すのです。

「すさまじい数の人でした」と言ったときは、間髪をいれずに「なにしろ熱狂的なファンが千人以上も集まったそうですから」という具合につけ足せばＯＫです。

なお、**「具体的な言葉」のなかでも、とくに意識したいのが「数字」と「固有名詞」のふたつです。**「数字」と「固有名詞」は、言うなれば具体性の究極。言い換えられそうなときは、積極的に口に出しましょう。

- 「中村とはしばらく会っていないなぁ」⬇（つけ足す）「もう五年以上になるかな」
- 「めちゃめちゃイケメンだよ」⬇（つけ足す）「俳優の佐藤健みたいな感じ」
- 「たまに電話が来るよ」⬇（つけ足す）「年に二、三回、思い出したかのようにさ」
- 「シドニーは思った以上に暑かったよ」⬇（つけ足す）「連日三〇度は超えていたかな」
- 「あまりに大きいみかんでびっくりしたよ」⬇（つけ足す）「見た瞬間、オレンジ色のメロンかと思ったくらいだから」

・「アルバイト？　けっこう入っているほうじゃないかな」⬇（つけ足す）「週に三回のペースだから」

・「かなり長い時間待たされたよ」⬇（つけ足す）「ちょうど一時間くらいだったかな」

・「あのチャーハンの量はホントやばかった」⬇（つけ足す）「ごはん茶碗《ぢゃわん》の山盛り三杯分はあったと思う」

このトレーニングが習慣化すると、あいまいな言葉が減り、具体的な言葉が増えていきます。つまり、脳が自然と「具体的な言葉を使おう」と考えるようになります。

もちろん、文章を書く場合は、会話のときほど慌てる必要がありません。抽象的な言葉に気づいた時点で、具体的な言葉へ置き換えるか、あるいは「抽象的な言葉＋具体的な言葉」のように、セットで書けばＯＫです。

とくに効率と分かりやすさが求められるビジネスシーンでは、抽象的な言葉は煙たがられる傾向にあります。ミスや誤解、トラブルの引き金になりかねないからです。社会人として周囲から信頼や評価を勝ち取りたい方は、「具体的な言葉で書ける人＝分かりやすい文章を書く人」を目指しましょう。

# 10 読者との共通認識を意識する

## ～かみ砕きトレーニング

前項で「言葉の解釈は百人百様」とお伝えしました。本項では、もう一歩踏み込んで、「あいまいな文章」と「定義があいまいな専門用語」の「かみ砕き方」について見ていきましょう。

**① 信頼の置ける会社に就職したい。**

この文章の「信頼の置ける」とはどういう意味でしょうか？　あいまいではっきりしません。読み手が受ける印象もまちまちでしょう。そもそも、わざわざ「信頼の置けない会社」に就職したい人はいないはずです。「信頼の置ける会社に就職したい」という表現は、当たり前すぎて、情報としての有益性がありません。意味を正確に伝えるためには、「信頼の置ける」という言葉をかみ砕く必要があります。

②　**社員の生活を親身に考えてくれる会社に就職したい。**

③　**顧客から慕われている会社に就職したい。**

④　**創業十年以上の会社に就職したい。**

⑤　**知名度が高い会社に就職したい。**

⑥　**直近五年間の経営が黒字の会社に就職したい。**

②～⑥は、すべて①で使った「信頼の置ける」という言葉をかみ砕いたものです。①よりも断然分かりやすくなりました。あいまいさが薄まったお陰です。

もちろん、②の「社員の生活を親身に考えてくれる」や③の「顧客から慕われている」、⑤の「知名度が高い」なども、あいまいといえばあいまいです。親身って？　慕われるって？　知名度が高いって？　突き詰めればキリがありません。

したがって、**どこまでかみ砕くかの線引きは、文章の目的や読者対象の認識レベルと照**

**らし合わせながら、書き手自身が判断しなければいけません。**

**⑦　この企画をブラッシュアップしよう。**

**⑧　この企画を磨き上げよう。**

⑦の「ブラッシュアップ」をかみ砕いたのが⑧です。「ブラッシュアップ」の意味を知らない人や勘違いしている人には、⑦は理解されません。つまり、読み手に伝わらない文章を書いた、ということになります。

アサイン、イシュー、アントレプレナー、コモディティ、メソッド、フェーズ、エビデンス、コンバージョン、マター、ソリューション、エバンジェリスト、ペルソナ、ドラスティック、シナジー、オーソライズ、アジェンダ、ディシジョン、バッファ、サマリー、プライオリティ、オルタナティブ、インサイト……。世の中では、難解な専門用語やビジネス用語がたくさん使われています。

これらの用語は、果たして、読み手に理解されているのでしょうか？　つまり、どこまで共通認識を得られているのでしょうか？　よく考えなければいけません。

たとえば、ビジネスシーンで使われることの多い「コミットメント」という言葉。その意味はバラエティに富んでおり、すべての意味を完璧に理解している人は少ないはずです。

- 二週間で三件の契約を獲得する。これが私のコミットメントだ⬇二週間で三件の契約を獲得する。これが私の公約だ。
- 二百ロール注文のコミットメントをいただいている⬇二百ロール注文の確約をいただいている。
- 弊社は過疎地域へのコミットメントを模索する⬇弊社は過疎地域への深いかかわり合いを模索する。

「コミットメント」の意味を知らない人でも後者の「かみ砕いた表現」であれば、ムリなく理解できます。**文章を書くときに、読者との「共通認識」を意識できる人は、分かりやすい文章を書く資質のある人です。**

## ◈かみ砕きトレーニング

専門用語やビジネス用語を使うのであれば、当然ながら、書き手が用語の正しい意味を理解していなければいけません。そのうえで、その言葉を使わずに言い換えるスキルがあれば、より分かりやすい文章を書くことができます。

たとえば「ポテンシャル」という言葉であれば、「ポテンシャル＝潜在的な能力」であることを理解したうえで、「ポテンシャルとは、その人が可能性として秘めている力のことです」というような書き方ができれば理想です。言葉をかみ砕ける人は、物事を誰にでも分かりやすく説明できる人なのです。

「説明力」を磨く方法としてお勧めしたいのが「かみ砕きトレーニング」です。トレーニングのやり方は簡単。「海」なら「海」という言葉、「川」なら「川」という言葉を使わずにそれを表現するだけです。以下は「かみ砕き」の一例です。

- 海　地球上の約七割にあたる凹《くぼ》みのスペースに満たされた塩水。
- 川　山から海へと大地を削りながら進む水の流れ。
- 机　脚つきの台。文字を書いたり、本を読んだり、パソコンを使ったり、食事をしたりする際に用いる。
- 田んぼ　稲を植えて栽培する屋外のスペース。水が張られている。

・ジェットコースター　遊園地などに設置されている電動の列車型の遊具。激しい起伏や急カーブ、タテ回転などがあるレール上を高速で走る。
・食べる　食べ物を口に入れ、噛《か》み終えたあと、のどから胃へと流し込む行為。
・眠る　一般的に、夜の時間帯に体を横たえて目を閉じる行為。その間、意識を失っている状態となる。

それ自体を指す言葉を封印することによって、物事をかみ砕く筋肉が少しずつついていきます。「かみ砕く力」は「分かりやすく説明する力」と同義です。かみ砕くときのポイントは、ときに「大地を削りながら」のように視覚的な表現を駆使し、ときに「噛み終えたあと、のどから胃へ〜」のように時系列を追いながら、中学生にも分かる表現を心がけることです。かみ砕きが自在にできるようになると、説明力がグンとアップします。

辞書通りに解説する必要はありません。**大事なのは、自分の頭で考えて、自分の言葉でかみ砕くことです。**もちろん、確認作業として辞書を使うのはＯＫです。

お題は、身の回りにたくさんあります。駅、コンビニ、信号、自転車、歩道橋、トンネル、薬局、夕焼け、歩く、叱る、投げる、たたく……。かみ砕けない言葉を探すほうが難しいぐらいです。通勤時や通学時の暇つぶしにもってこいのトレーニングです。

# 11 事柄やメッセージを的確に伝える
## ～比較&範囲トレーニング

今日の最高気温は一八度。

「今日は少し涼しいなぁ」と思う人は多いでしょう。しかし、昨日の最高気温が一二度だったら、どう思うでしょうか？「今日はかなりあったかいなぁ」と思うのではないでしょうか。つまり、一八度という気温は、それだけでは「暑い」とも「寒い」ともいえないわけです。比べる対象があって初めて「暑い」「あたたかい」や「寒い」「涼しい」と書くことができます。

一方、比較する対象がなければ、一八度は一八度でしかありません。そこに「暑い」や「寒い」という情報は含まれていません。つまり、気温に対する評価というのは「絶対的」なものではなく「相対的」なものなのです。

プロ野球のピッチャーが投げる球の速度、一四〇キロは「速い」でしょうか？　それとも「遅い」でしょうか？　これも、気温と同様にどちらともいえません。平均球速が一四五キロ前後の投手にしてみれば「遅い」といえるでしょうし、平均球速が一三五キロ前後の投手にしてみれば「速い」といえるでしょう。球速もまた「絶対的」ではなく「相対的」なものです。

この理屈はあらゆる物事に置き換えることができます。性格の「明るい・暗い」、景気の「いい・悪い」、成績の「いい・悪い」、やる気の「ある・なし」、お金の「ある・なし」……。これらの境界線はどこにあるのでしょうか？

**そう、境界線などもともと存在しないのです。したがって、比べる対象がなければ、多くの事柄は評価をすることができないのです。**

**①　わが社の今年の業績はよかった。**

**②　わが社の今年の業績は、過去最悪だった昨年よりはよかった。**

比べる対象を示していない①よりも、比べる対象（＝過去最悪だった昨年）を示した②のほうが、分かりやすく親切な文章です。実際には「さほど業績はよくなかった」というニュアンスが伝わってきます。①は、どのくらい「よかった」のかが読み手の想像に委ねられているため、誤解を招きかねません。

③　**回数券がお得です。**

④　**年間パスポートよりは、回数券のほうがお得です。**

③では「お得」のイメージがわきません。比べる対象を明確にした④のほうが読む人にとって親切な文章といえます。

⑤　**和食が好きだ。**

⑥　**中華よりも、和食が好きだ。**

⑤の場合、読む人に「和食が大好き」と受け取られても仕方ありません。一方、⑥は「和食が大好き」ではなく、「中華よりは好んで食べる」という意味だということが分かります。

物事を分かりやすく伝えるには、比べる対象を示す以外にも、「範囲を示す」という方法もあります。

**⑦　わが社の今年の業績はよかった。**

**⑧　わが社の今年の業績は、アパレル業界内ではよかった。**

「アパレル業界内では」という範囲を示した⑧のほうが、⑦よりも、業績のよさの度合いが明確で分かりやすい文章です。

**⑨　彼の腕前はまだまだだ。**

**⑩　彼の腕前は、プロとしてはまだまだだ。**

⑨と⑩では、読む人が受け取る印象が大きく違うはずです。⑨の彼は「素人レベル」、⑩の彼は「プロ以上達人未満」という感じでしょうか。もし、本当に彼の腕前が「プロ以

上達人未満」である場合、⑨のような書き方をすると、読む人に誤解されてしまうかもしれません。⑩のように「プロとしては」と範囲を示すことで、腕前のレベルが明確になります。

**⑪　鈴木くんのことは評価している。**

**⑫　鈴木くんのことは、クリエーターとしては評価している。**

⑪は、鈴木くんの人間性を丸ごと評価する文章と受け取れます。一方、⑫の文章は「クリエーターとしては」という具合に、評価の範囲を限定しています。クリエーターの資質以外の点は、そもそも評価の対象にしていません。ましてや人間性を丸ごと評価する文章でもありません。

**⑬　バンクーバー留学がベストだ。**

**⑭　英語を身につけるなら、バンクーバー留学がベストだ。**

⑬ではバンクーバー留学のメリットが見えません。⑭のように「英語を身につけるなら」と範囲を限定することで、「バンクーバー留学」のメリットが見えてきます。

**事柄やメッセージが「それだけで」伝わると思ったら大間違いです。**前述の通り、物事の多くは「相対的」だからです。相対的な事柄にもかかわらず、比較する対象や範囲が示されていない場合、伝わらないどころか、逆に勘違いされてしまう恐れもあります。読む人に「事柄やメッセージを的確に伝えたい」ときには、「比較」や「範囲」を有効活用しましょう。

## ◈比較&範囲トレーニング

文章で「比較」や「範囲」を示すためには、ふだんから「比較」や「範囲」を用いて物事を考えるクセをつけなければいけません。ある事柄やメッセージが頭に浮かんだら、自分自身に対して次のふたつの質問をしましょう。この質問に具体例を挙げて答えるのが「比較&範囲トレーニング」です。

【質問①】何と比べて○○なのか？（比較）
【質問②】どんな範囲で○○なのか？（範囲）

・警備員のアルバイトはきつい
　比較：どんなアルバイトと比べてきついのか？⬇居酒屋のアルバイトと比べて
　範囲：どんな範囲できついのか？⬇体力的にきつい

・日本は治安がいい
　比較：どこの国や地域と比べて治安がいいのか？⬇アメリカ・ロサンゼルスと比べて
　範囲：どんな範囲で治安がいいのか？⬇夜の地下鉄に女性が一人で乗っても犯罪に巻き込まれる危険性が低い

・健康は大切だ
　比較：何と比べて大切なのか？⬇お金と比べて
　範囲：どんな範囲で大切なのか？⬇仕事で最高のパフォーマンスを発揮するうえで

・数学に力を入れたほうがいい
比較：どんな教科と比べて力を入れたほうがいいのか？⬇社会と比べて
範囲：どんな範囲で力を入れたほうがいいのか？⬇宇宙飛行士を目指すなら

・想像力を働かせることが重要だ
比較：ほかのどんなことと比べて重要なのか？⬇「小説を読むこと」と比べて
範囲：どんな範囲で重要なのか？⬇小説家を目指すなら

もちろん、「比較」や「範囲」は「ただ示せばいい」というものではありません。たとえば、「宇宙飛行士を目指すなら、英語よりも数学に力を入れたほうがいい」という文脈には説得力が感じられません。なぜなら、宇宙飛行士になるためには、当然「英語」も重要だからです。引き合いに出す「比較」や「範囲」のポイントがずれていると、かえって分かりにくくなってしまいます。

なお、「比較&範囲トレーニング」に慣れてきた方は、人と話をするときにも、積極的に比較や範囲を示すといいでしょう。最適な比較や範囲を示せていれば、「へえー」「そうだね！」「それ、分かる！」など、話を聞く相手の反応がよくなるはずです。

逆に「えっ?」「どういうこと?」と言われたり、怪訝《けげん》な顔をされたりしたときは、比較や範囲が適切でなかった可能性があります。相手の表情や反応をよく観察して、示す「比較」や「範囲」の精度を高めていきましょう。

# 第3章

# 説得力のある文章を書くトレーニング

# 12

## 情報のもれをなくす
### ～5W3Hトレーニング

「太郎くんが花屋さんに花を買いに行きました。さて、何でしょう？」

若かりしダウンタウンの漫才に出てくるネタです。

しれっと言う松ちゃん（松本人志さん）に、相方の浜ちゃん（浜田雅功さん）が「どういうことやねん！」と突っ込みを入れます。漫才だからいいものの、大まじめにこんな質問をする人がいたら恐ろしいですよね……。

「どういうことやねん！」と突っ込みを入れられる原因は「5W3H」の抜け落ちにあります。「5W3H」とは、情報を分かりやすく伝えるための基本要素です。

When　：いつ・いつまでに（期限・期間・時期・日程・時間）
Where　：どこで・どこへ・どこから（場所）
Who　：誰が・誰に（主体者・対象者・担当・役割）

What　：何を・何が（目的・目標・用件）
Why　：なぜ・どうして（目的・理由・根拠・原因）
How　：どのように（方法・手段・手順）
How many：どのくらい（程度・数量）
How much：いくら（価格・費用）

松ちゃんがきちんと５Ｗ３Ｈを盛り込んでいれば、少なくとも質問としては成立していたはずです。

- When を盛り込む➡「さて、いつ買ったでしょう？」
- What を盛り込む➡「さて、何の花を買ったでしょう？」
- Why を盛り込む➡「さて、なぜ買ったでしょう？」
- How many を盛り込む➡「さて、どのくらいの量の花を買ったでしょう？」
- How much を盛り込む➡「さて、いくら分、買ったでしょう？」

５Ｗ３Ｈの抜け落ちは、文章の書き手にとって致命傷になりかねません。なぜなら、会話のときのように「どういうことやねん！」と突っ込んでくれる人が目の前にいないからです。つまり、書き手の知らないところで「この人、訳分からんわ……」と思われて、そのままスルーされてしまうのです。

スルーであればまだマシです。場合によっては、誤解やトラブルを招き、書き手の信用を下げてしまう恐れもあります。**とくに仕事で文章を書くときには、5W3Hの何を盛り込むべきか、その都度、十分に検討する必要があります。**

5W3Hが抜け落ちた文章を読んだときの読み手の反応として、次のようなものがあります。

- このチラシに掲載されている包丁が欲しいんだけど、値段が分からない➡How much の抜け落ち
- 人気店だというこのお店に行きたいんだけど、どこにあるのか場所が分からない➡Where の抜け落ち
- この仕事を引き受けようと思うんだけど、納期がいつなのか分からない➡When の抜け落ち
- 今日のコンサートが中止になったのは分かったんだけど、なぜ、「延期」ではなく

「中止」なのか分からない➡Whyの抜け落ち
・食材と分量は分かったんだけど、肝心の作り方が分からない➡Howの抜け落ち

**これだけは断言しておきますが、「分からない」責任を読み手に押し付けている限り、文章は上達しません！**　読み手に伝わらないのは、書き手が分かるように伝えられていないからです。伝わらないのは一〇〇パーセント書き手の責任。この前提を受け入れることが文章上達の第一歩です。

**木村部長、お疲れ様です。残念ながら採用には至りませんでした。**

多忙を極める木村部長は、このメールを読んでイライラしました。「どの案件だ！」と。
このメールからは5W3Hのほとんどが抜け落ちています。

When　：今日の午前中
Where　：A社
Who　：自分／A社の井上社長

What　：合同プロモーション企画が不採用になった件
Why　：商品ターゲットが異なる
How　：プレゼンテーションをした
How many：手応えはあった（企画内容への評価は高かった）
How much：該当せず

**木村部長、お疲れ様です。本日の午前中、A社にて「合同プロモーション企画」のプレゼンテーションを致しました。結果は不採用でした。企画内容には高い評価をいただきましたが、井上社長いわく「商品ターゲットが異なる」との理由でした。**

5W3Hを盛り込んだこのメールであれば、木村部長も一読で内容を理解し、すぐに然《しか》るべき対応策を指示できたはずです。

5W3Hはすべての文章で意識しなければいけません。必要な5W3Hが抜け落ちることによって、せっかくの有益な情報が曲解される。せっかくの素晴らしいエピソードを楽しんでもらえない。せっかくの素晴らしい商品が買われない……など、望まぬ悲劇を招きやすくなります。よく分からない文章を読まされる読み手も不幸ですが、時間と労力を費やしても何も伝えることができない書き手も不幸です。

## ◈5W3Hトレーニング

**文章を書く段になって初めて5W3Hを意識するようでは、遅すぎます。**５Ｗ３Ｈの情報とは、料理でいうところの「食材」です。書き始めるときには、当然のように手元にそろっていなければいけません。情報収集に自信のない人は「５Ｗ３Ｈトレーニング」で情報収集力を鍛えましょう。

一日の終わり、眠りにつく前などに、その日に起こった印象的な出来事を思い出します。思い出したら、その詳細を５Ｗ３Ｈに当てはめていきます。３Ｈについては「該当せず」のケースもありますが、５Ｗでの「該当せず」はほとんどないはずです。諦めずによく考えましょう。

●彼女とデートに行った

When　：今日

Where　：ＵＳＪ（ユニバーサル・スタジオ・ジャパン®）

Who　：自分／山崎紗理奈さん（彼女）
What　：デートをした
Why　：彼女がハリー・ポッターファンだから
How　：クルマで一時間かけて（交通手段）
How many：開園から閉園までめいっぱい（デートの時間）／三回（「ハリー・ポッター・アンド・ザ・フォービドゥン・ジャーニー™」に乗った回数）
How much：二人で約三万円（デートに使ったお金）

●工場視察に行った
When　：今日
Where　：山梨県富士吉田市にあるペットボトル工場
Who　：自分／部下の斉藤
What　：ミネラルウォーター生産ラインの視察
Why　：非効率箇所の特定と検品体制の強化（目的）
How　：採水から検品までの全工程を実際に目で確認
How many：十三～十六時までの三時間（視察時間）／強（視察の力の入れ具合）／

二十万本（ミネラルウォーター五〇〇ミリリットルの一日あたりの生産量）／二重チェック（検品）

How much：ミネラルウォーター五〇〇ミリリットル一本あたりの原価は二十五円

慣れてくると、情報の棚卸しスピードがどんどん速まります。何か専門的に文章を書いている人であれば、「その日起こった印象的な出来事」ではなく、専門分野のお題でトレーニングをしてもいいでしょう。そのほうが実践的ですね。

また、夜よりも朝のほうがトレーニングしやすいという人は、その日の予定のなかで重要なものについて5W3Hで棚卸ししてもOKです。スケジュールの確認作業にもなって一石二鳥です。

# 13

## 読者の共感・賛同を得る

### ～目的&目標トレーニング

「目的」と「目標」の違いは何でしょう？

「目的」は「成し遂げたい事柄。行動の狙い」で「目標」は「目的を達成するために設ける道中の目印」です。もしも「充実した人生を送る」という目的があるとしたら、次のような目標が設定できます。

- 健康でいる
- 家族と楽しく生活する
- いつでも悩みを相談できる友達を増やす
- 仕事を頑張る
- 趣味を楽しむ
- 夢に向かって努力する

・人や社会に貢献する
・たくさん笑う

それぞれの目標達成が甘ければ、目的の達成も危うくなります。逆に、すべての目標が達成できていれば、おそらく、その人は「充実した人生を送る」という目的を達成できているはずです。

「病気を治す」は目的で、「毎朝五キロ散歩をする」「添加物の入った食品は控える」などは目標。「社会に喜ばれる貢献をする」は目的で、「毎朝、駅前ロータリーの掃除をする」や「週に一度、老人ホームでボランティアをする」などは目標です。「甲子園に出場する」は目的で、「日本一多くの守備練習をする」や「毎日、素振りを千回する」などが目標です。目的はひとつですが、目標はいくつも考えられます。

目的と目標は完全に別物ではなく、お互いに影響しあっています。「目的」が何か別の目的の「目標」になることもあります。「目的」と「目標」は入れ子のようになっているのです。

この「目的」と「目標」の理屈は、文章を書くときにも当てはめることができます。仮に、「常識をやみくもに信じる怖さを知らしめる」という目的の文章を書く場合、どのような目標を設定すればいいでしょうか。

目標①：「常識をもっと疑うべき」という主張の根拠を示す
目標②：「昔の常識」が「今の非常識」へと変化した具体例を示す

この目標①と②を目印に文章を書いてみます。

私たちは常識をもっと疑うべきではないか。なぜなら、常識の多くは、時代が作り出した誤解や、根拠のない思い込み、あるいは、マスコミをはじめとした権力の押し付けや刷り込みによるものだからだ。

たとえば、昭和時代。「運動中に水を飲んではいけない」というのが常識だった。「運動中に水を飲むとバテる」と本気で信じられていたのだ。当時、熱中症で命を落とした人も少なくない。今思えば、これほど無茶苦茶な理論もない。

無茶苦茶といえば、タバコはどうだろう。昭和時代には、病院や学校の職員室、電車内、飛行機内でも、大人たちがふつうにタバコを吸っていた。もちろん、周りに病人がいようが、赤ん坊がいようが、妊婦がいようがお構いなしだ。喫煙を咎《とが》める人などほと

**んどいなかった。**

**そう、常識は時代と共に変わるものなのだ。**

**では、現在、私たちが信じている常識はどうだろう。その常識は三十年後、五十年後も常識のまま存在していると言えるだろうか。もしかしたら、今信じている常識とまったく逆のことが常識になっているかもしれない。**

**いささか逆説的ではあるが、真の常識人というのは「常識を疑える人」なのかもしれない。**

一行目の「なぜなら、常識の多くは～」が目標①（根拠）で、四行目の「たとえば、昭和時代」から十行目までが目標②（具体例）。おおむね目標をクリアしています。この文章を読んで「なるほど。自分ももう少し常識を疑ってみよう」と思う人が多ければ、この文章の目的は達成されたことになります。

次に、病気予防の啓発目的で文章を書く場合、どのような目標を設定すればいいでしょうか。

目標①：日本の医療費が増加しているデータを示す
目標②：ふくれ上がる医療費を国民ではまかなえない点に触れる
目標③：根本から問題を解決する方法（予防の重要性）を示す

目標①～③を目印に文章を書いてみます。

一九八〇年度に十・五兆円だった医療費が、二〇一三年度には三十九・三兆円に上昇しました。実に四倍です。このままいけば、二〇二五年度には五十兆円を超えると予測されています。どれだけ医療が進歩しても、病人は増え続けている。悲しいかな、これが現実です。これは大問題ではないでしょうか。

今後、ますます高齢化が進みます。いったい誰が、このふくれ上がる医療費を払うのでしょうか？　医療保険があるから安心？　そんなわけがありません。保険の財源もまた国民に委ねられています。つまり、このまま医療費が増え続ければ、私たちは、医療費を払うために必死に働くような日々を送らなければいけなくなるのです。

何ら具体的な対応策を持たない国が、この問題を解決できるとは到底思えません。私たちに求められているのは、「発想の転換」ではないでしょうか。

**模索すべきは「病気の人を減らす！」という道です。医療費を誰が払うかではなく、医療費を使わずに済む方法を考えるのです。そのためには、「病気治療」ではなく、「病気予防」に力を入れる必要があります。もちろん、病人が減ること自体が、国民一人ひとりの幸せに直結することは言うまでもありません。**

**「ふくれ上がる医療費が異常」ではなく、「病人だらけの国が異常」という根本的な課題に目を向けること。国民も政治家も、まずはそこから話を進めていく必要があるでしょう。**

一行目の「一九八〇年度に十・五兆円だった〜」で目標①（データ）、五行目の「今後、ますます高齢化が〜」から八行目までで目標②（医療費を国民ではまかなえない）、十一行目の「模索すべきは〜」から最後までで目標③（根本から問題を解決する方法）を盛り込んでいます。

この文章を読んで「確かに、病気予防が何より大事ですね！」と思ってくれる人が多ければ、この文章の目的は達成されたといえます。逆に、共感・賛同できない読者が多いとしたら、目標設定が誤っていたか、あるいは、目標通りに文章を書けなかったか、いずれかの原因を疑ったほうがいいでしょう。

**目的のない文章は、この世にひとつもありません。文章を書く際には、その目的を達成するためにどんな目標が必要かを考えましょう。**設定した目標が適切で、なおかつ、その目標に沿って書かれた文章は、きっと望み通りに読者のハートをキャッチできるでしょう。

## ◈目的&目標トレーニング

目的と目標について正しい感覚をつかむためには、「目的&目標トレーニング」が有効です。自分が何か行動するときに、「目的」を明確にしたうえで、その目的からさかのぼって最適な「目標」を設定します。「目的→目標」の順番で考えるのがセオリーです。

**●目的：彼女にプロポーズをして快くＯＫをもらう**

目標①：プロポーズする日を彼女の誕生日に絞る
目標②：プロポーズのときに渡す指輪を購入する
目標③：プロポーズ場所を決める
目標④：プロポーズの言葉を考える

一生に一度の大舞台。やはり、用意周到に計画を立てたほうが成功率は高まるでしょう。きれいな夜景を見ながら……そんなシチュエーションが用意されているだけでも、ＯＫをもらえる率が高まるかもしれません。

**●目的：新築一戸建てを買う**
目標①：住宅情報誌をチェックする
目標②：間取りなどのイメージをふくらます
目標③：資金計画を立てる
目標④：モデルルーム見学をする
目標⑤：ハウスメーカーや不動産業者の絞り込みをする

新築一戸建てを衝動買いする人は、ほとんどいないはずです。そういう意味では、目標の重要性が高い目的といえるでしょう。目標の立て方がマズいと（たとえば資金計画を怠るなど）、どこかで大きな失敗をしてしまうかもしれません。

**「目的＆目標トレーニング」は、文章力に限らず、その人の計画力や先読み力、行動力、**

**危機回避能力なども同時にアップさせる、たいへん有益なトレーニングです。**毎朝、目が覚めたときに、その日一日の予定のなかでとりわけ重要な目的をピックアップして、目的達成のために必要な目標を設定してもいいでしょう。

思うように目的を達成できなかったときや、目的を達成するスピードが遅かったときは、目標の立て方、あるいは行動の仕方など、どこに原因があったかを突き止めて、次回以降のトレーニングに活《い》かしましょう。適切な目標を設定し、なおかつその目標をクリアする力がつくと、文章力はもとより、総合的な人間力もアップします。

# 14 情報不足では読み手に物足りなさが残る

## ～メッセージ＋理由トレーニング

「父さん、実は大学を辞めようと思うんだ」

突然、息子がこんなことを言ってきたとします。

父親であるあなたは、息子に何と声をかけますか？

この言葉だけで「辞めたいなら辞めなさい」あるいは「辞めることは許さん」と即答する人はあまりいないでしょう。多くの人が「どうしてだ？」「理由は何だ？」「何か事情でもあるのか？」という具合に、理由を聞こうとするのではないでしょうか？

そう、人は理由が分からないものに対して判断を下すことはできないのです。

**高血圧の方にお勧めしたいのが腹式呼吸です。ぜひ一度試してみてください。**

あなたが仮に高血圧だったとして、このアドバイスに従うでしょうか。おそらく従う気にはならないでしょう。なぜなら、どうして高血圧の人に腹式呼吸がお勧めなのか、この文章には、肝心の理由が書かれていないからです。

**高血圧の方にお勧めしたいのが腹式呼吸です。なぜなら、腹式呼吸には、呼吸を安定させて副交感神経を優位にする効果があるからです。副交感神経が優位になると、血圧が安定するため、血管が守られます。高血圧はもちろん、自律神経の乱れに起因する病気の予防や治療にもつながります。ぜひ一度試してみてください。**

お勧めの理由が書かれたこの文章であれば、「そういう効果があるなら、一度試してみようかな」と思うかもしれません。

**文章における「理由」は、説得力の一端を担う重要なパーツです。どれだけ素晴らしいこと、正しいことが書かれていても、その理由が書かれていなければ読む人を納得させることはできません。**残念ながら、世の中には、理由が見当たらない文章がたくさん存在します。実にもったいないことです。

**映画『２０１２』のＤＶＤを鑑賞しました。正直なところ、ハリウッドが乱発するデ**

**イザスター映画（災害映画）には飽きていましたが、『2012』に限っては、いい意味で期待を裏切られました。**

この文章を読んだ人は、自分も『2012』を観《み》たいと思うでしょうか？　関心を示す人もいるかもしれませんが、わざわざレンタルDVDショップに行って借りてこようと思う人は少ない気がします。なぜなら、「いい意味で期待を裏切られた」その理由が書かれていないからです。物足りなさの残る「情報不足な文章」です。

書き手のなかには「期待を裏切られた」、その理由があるはずなのですが、残念ながら、その理由は文章化されていません。つまり、読者に伝えることを怠ったのです。書き手のなかに少しでも「この映画について知ってもらいたい」あるいは「いい映画だったのでお勧めしたい」という気持ちがあるなら、読者が知りたい理由を書かないのは不親切です。読者は、この映画を「観たいか・観たくないか」の判断すらできません。

**映画『2012』のDVDを鑑賞しました。正直なところ、ハリウッドが乱発するディザスター映画（災害映画）には飽きていましたが、『2012』に限っては、いい意味で期待を裏切られました。**

**この作品の映像の迫力は、従来のディザスター映画とは比べ物になりません。規格外と言ってもいいでしょう。海から空から大地から、あらゆる自然が牙をむく。局地的ではなく、地球が丸ごと壊れていくような、まったくもって「あり得ない」映像をお腹《なか》いっぱいになるまで体感させてくれます。「災害」の概念を根本から変える驚異の映像を観るだけでも、ＤＶＤ代を払う価値は十分にあります。**

「いい意味で期待を裏切られた」理由を明らかにしたこの文章であれば、読み手が不満を感じることは少ないでしょう。映画を「観る・観ない」の判断も下せます。「理由」とは、「５Ｗ３Ｈ」でいうところの「Why（なぜ）」です。**文章に説得力を持たせるには「Why（なぜ）」が必須と心に留めておきましょう。**

## ◆メッセージ＋理由トレーニング

理由を書くためには、当然ながら、書き手自身が理由を把握していなければいけません。日常会話で行う「理由強化作戦」が「メッセージ＋理由トレーニング」です。

自分から「テニスが好きなんです」と言っておきながら、相手に「なんでテニスが好きなの？」と質問されて、「えっ、なんでと言われても……なんとなく」と答えているようでは、とても説得力のある文章など書けません。

「メッセージ＋理由トレーニング」では、自分が何かしらのメッセージを発信したら、必ず理由を添えるようにします。相手から質問される前に、自分から理由を語るのです。

理由を導き出す際に重宝するのが「なぜなら」です。「なぜなら」は理由を導き出すための呼び水のようなもの。この言葉を使うことで、理由を言わざるを得ない状況になります。「なぜなら」という言葉自体は省略しても構いませんが、導き出した理由については、必ず口に出します。

- 「お酒はホッピーと決めています」⬇「（なぜなら）低カロリーかつ低糖質で、ダイエット中の私にぴったりだからです」
- 「通勤には自転車を利用しています」⬇「（なぜなら）月に九千円の交通費が浮くうえに、体力もつくからです」
- 「明朝八時には会場入りします」⬇「（なぜなら）ブースの設営をしなければいけないからです」
- 「予定していた中東旅行は中止しました」⬇「（なぜなら）近隣諸国の政治情勢と治安

が不安定だからです」

・「私は最後まで勝負を諦めません」⬇「（なぜなら）自分を応援してくれる家族や友人がいるからです」

・「今日も会議が紛糾しました」⬇「（なぜなら）賛成派と反対派が一歩も譲らなかったからです」

このように、自分が発したメッセージについて、「なぜなら」を使って理由を導き出します。「メッセージと理由」は常にワンセットです。メッセージのあとには、必ず理由を添えるようにしましょう。

「メッセージ＋理由トレーニング」にチャレンジする機会は、一日に何度も訪れるはずです。日常会話で理由を語る習慣が身につくと、文章を書くときにも理由を盛り込む意識が強化されます。読者に「どうして？」「理由は？」と思われる機会も激減するはずです。

なお、「なぜなら～から」は呼応表現のひとつです。呼応表現とは「ある語句に対して一定の表現が使われること」。「なぜなら」の場合、「なぜなら、熱が出たからです」という具合に、その後に続く文章を「（だ）から」で受けるのが正しい使い方です（「なぜなら、熱が出ました」は誤り）。**文章で理由を添えるときには、呼応表現を正しく使いましょう。**

# 15 具体例でより説得力を増す
## ～たとえばトレーニング

**日本はとても治安のいい国です。**


この文章の内容に反論する人はほとんどいないでしょう。

一方で、ふだん日本の治安についてあまり考えないような人や、海外への渡航経験が少ない人のなかには、「うーん、確かに治安はいいとは思うけど……どのくらいいいのかはよく分からないなぁ」と感じる人もいるかもしれません。そういう人にとってこの文章は、説得力に乏しい文章といえます。

なぜ説得力に乏しいかというと、「具体例」が盛り込まれていないからです。具体例のない文章は「具のない味噌汁《みそしる》」のようなものです。少し、いえ、かなり物足りません。

一方、具体例のある文章は「具の入った味噌汁」です。こちらは、おいしく食べられます。同じ味噌汁でも、前者は物足りなく、後者はおいしく食べられる。文章も味噌汁も

「具（体例）」が重要なのです。せっかく文章を書くのですから、読む人には、できる限りおいしく味わってもらいたいものです。


**日本はとても治安のいい国です。**

**たとえば、物盗《ものと》りの少なさ。日本では、カフェやレストランなどで、テーブルの上に携帯電話やバッグ、パソコンなどを置いたまま席を外す人をよく見かけます。「置き引きには遭わない」と安心しきっているのでしょう。**

**日本にやって来た外国人の多くが、こうした光景を目の当たりにして一様に驚くといいます。**

**また、日本のあらゆる場所に自動販売機が設置されているのも、治安の良さの表れといえるでしょう。治安の悪い国であれば、「自動販売機＝お金の入った箱」と見なされて、すぐに壊されたり盗まれたりしてしまいます。**


この文章であればどうでしょう。「治安の良さ」を示す具体例が盛り込まれています。ふだん「日本の治安」について考えていない人が読んでも、「なるほど」と納得するのではないでしょうか。

なかには「そういえば、俺もテーブルに携帯電話を置いたままトイレに行ったことがあるなぁ」と自分の経験と照らし合わせて納得する人もいるかもしれません。

第2章で「とにかく具体的に書く。これだけで文章力は向上します」とお伝えしましたが、具体例は、「具体的に書く」の最たるものです。**「分かりやすい文章」「説得力のある文章」「深みのある文章」「興味を引く文章」……。これらすべてで具体例が絶大な効果を発揮します。**

具体例を引き出す言葉として使えるのが「たとえば」です。通常、「たとえば」のあとには、「前に述べた事柄についての具体例」が続きます。「たとえば」を使うことによって、自然と具体例を書かざるを得なくなるのです。かくいう私も、具体例を示すときには、よく「たとえば」を使います。

**レバーは栄養の宝庫です。レバーに匹敵する食品は見当たりません。**

レバーに詳しくない人がこの文章を読んだときに、果たして「腹落ち」するでしょうか。したくても、できない。そんな状態かもしれません。具体例が盛り込まれていないことが大きな原因です。では、次の文章はどうでしょう。

**レバーは栄養の宝庫です。たとえば、レバー約五〇グラムで、成人が一日に必要とするビタミンAをまかなうことができます。この量は実にほうれん草四十束分に相当します。レバーに匹敵する食品は見当たりません。**

「レバー約五〇グラムで、成人が一日に必要とするビタミンAをまかなえる」「実にほうれん草四十束分」などの具体例を盛り込むことによって、レバーの驚異的な栄養価が伝わってきます。原文とは比べ物にならないくらい説得力があります。

「たとえば」以外にも、「具体的には」「一例を挙げると」などの言葉も使えます。あるいは、これらの言葉を使わなくても、文章の流れのなかで具体例を示せていればOKです。

## ◆たとえばトレーニング

具体例を盛り込むトレーニングとして有効なのが「たとえばトレーニング」です。「たとえば」という言葉を使って、身の回りにある物事をどんどん具体化していきます。

・色⬇（たとえば）黒／白／赤／青／黄色／緑／紫　など
・動物⬇（たとえば）犬／猫／猿／象／キリン／牛／馬　など
・緑黄色野菜⬇（たとえば）ニンジン／トマト／小松菜／ニラ／ほうれん草　など
・音楽⬇（たとえば）ロック／ポップス／ジャズ／パンク／フォーク／クラシック　など
・宝石⬇（たとえば）ダイヤモンド／ルビー／サファイヤ／エメラルド／ヒスイ　など
・名作映画⬇（たとえば）『ローマの休日』／『風と共に去りぬ』／『シェーン』／『七人の侍』　など
・SNS⬇（たとえば）Facebook／Twitter／Google+／YouTube／LINE　など

「動物」の次は「草食動物」や「鳥」という具合に、さらに細分化したお題にチャレンジしてもいいでしょう。同様に、「名作映画」の次は、「邦画の名作」や「名作アクション映画」「名作恋愛映画」「ジブリ映画」などのお題も考えられます。

自分にまつわるお題に挑戦するのも、いいトレーニングになります。

・汗をかくことが好き⬇（たとえば）ランニング／フットサル／スポーツジムでの筋トレ／温泉／サウナ　など

・窮屈さを感じさせる環境が嫌い⬇（たとえば）満員電車／カプセルホテル／観覧車やゴンドラ／個室トイレ／接待の場　など
・信念のある人を尊敬している⬇（たとえば）坂本龍馬／吉田松陰／松下幸之助／イチロー／矢沢永吉／父親／野沢先生（中学時代の恩師）など
・夢がある⬇（たとえば）ハーレーダビッドソンを買う／屋久島の縄文杉を見に行く／「サロマ湖一〇〇キロウルトラマラソン」を完走する／小説を書いて新人賞を受賞する／豪華客船で世界一周クルーズをする　など

「たとえば」を使った具体化が習慣化すると、文章作成時にも具体例を盛り込まずにはいられなくなります。自分が書いた文章に対して「具体例が盛り込まれていないと気持ち悪いなぁ」と感じるくらいになれば免許皆伝です。

# 16 事実と判断を分ける

## ～「事実or不実」見極めトレーニング

**二〇二〇年に東京オリンピックが開催されることが決まった。日本の景気が上向くのはいいことだ。**

この文章に違和感を覚えない人は、注意が必要です。なぜなら、オリンピックが開催されることが決まったからといって、日本の景気が上向くとは限らないからです。つまり、後半の文章には、事実とは言い難い情報が盛り込まれているのです。

文章を読み書きするときには、「事実」と「書き手の判断」を明確に分ける必要があります。

事実：二〇二〇年に東京オリンピックが開催されることが決まった
書き手の判断：日本の景気が上向く

事実というのは「誰も否定できないこと」です。一方で、判断というのは、人によって千差万別です。書き手自身の経験や価値観、先入観などのフィルターを通して出てくるものです。

オリンピック開催決定によって日本の景気が上向くかどうかは、専門家でも意見が分かれています。したがって、「誰も否定できないこと」には該当しません。

先の文章の問題点は、書き手の判断である「日本の景気が上向く」を、あたかも事実のように書いている点にあります。

**①　二〇二〇年に東京オリンピックが開催されることが決まった。日本の景気が上向くきっかけになればいいのだが。**

**②　二〇二〇年に東京オリンピックが開催されることが決まった。おそらく、日本の景気が上向くきっかけになるだろう。**

①は書き手の希望で、②は書き手の推測。つまり、どちらも書き手の判断の範疇《はんちゅう》であることが分かります。これらの文章であれば、読む人が事実と混同することはないでしょう。

**東京都葛飾区に住むAさんは、三十歳を過ぎた現在でも、不憫《ふびん》なフリーター生活を送っている。**

このような文章を書くときにも十分な注意が必要です。この文章を読んだ人は、頭のなかに「不憫な生活を送るAさん」の姿を思い浮かべるでしょう。

しかし、当のAさんが「え？　不憫だなんてとんでもない！　ボクはフリーターにやりがいを感じているし、稼ぎも、安月給のサラリーマンよりはマシです。この生活に十分満足しています」と思っていたとしたら、どうでしょう。この文章に書かれている「不憫な」は「事実ではない」「書き手の判断にすぎない」ということになります。

これは、読む人にとってたいへん迷惑な話であり、もっと言えば、極めて危険な話です。事実とは異なることを「事実」として受け取らざるを得ないわけなのですから。

では、このような文章はどのようにして生まれるのでしょうか。

まず、書き手に悪意があり、事実とは異なると分かっていながら、ミスリード（読者を誤った解釈へと誘導すること）目的で書いている場合があります。言うまでもなく、この書き方はもってのほかです。

それと同時に、意外に問題の根が深いのが、書き手自身のなかに思い込みがあるケースです。書き手自身が事実だと感じているために、自分の書く文章が「読む人に迷惑をかけている」ことに気づかないのです。本人に悪意がない分、余計にタチが悪い、という言い方もできます。

**人間は、多かれ少なかれ誰もが「思い込み」を持っています。大事なのは、その「思い込み」を思い込みと自覚できているかどうかです。**自覚できていれば、その思い込みを「判断」として書くことができますが、自覚できていなければ、当然ながら「事実」として書くことに抵抗を感じません。

事実ではないことを事実として書いた場合、どういうことが起きるでしょうか？　読む人に「この人はいい加減なことを言う」「この人の書くことは信用できない」「この人の書く文章は読むに値しない」と思われるかもしれません。つまり、読む人に見限られる、あるいは、不信の念を抱かせてしまうのです。

ここまで読んで「もしや自分にも、たくさんの思い込みがあるのかも？」とドキっとした方は、次に紹介するトレーニングに励んでいただければと思います。

## ◈「事実or不実」見極めトレーニング

私たちは、日々の生活のなかで、さまざまな光景に出会います。そのときに、その光景から読み取れる「事実」と「不実」を見極めるようにします。これが『事実or不実』見極めトレーニング」です。「不実」とは、「事実ではない」という意味です。

**●ピアスをつけている茶髪の男子高校生を目にしたとき**

事実：ピアスをつけている茶髪の男子高校生がいる
事実とは言い切れない：チャラチャラしている

あなたが男子高校生を目にし「チャラチャラしている」と感じたその瞬間に、その感覚が事実なのか判断なのかを見極める必要があります。もちろん、見た目は個性的かもしれません。しかし、その見た目だけで、その人自身が「チャラチャラしている」と本当に言い切れるでしょうか。実際には、ファッションに関心のある、まじめな学生かもしれません。

そんな人について書く文章が「ピアスをつけて茶髪でチャラチャラしている高校生がい

た」で果たしていいのでしょうか。「正確性を欠いている」程度で済めばいいですが、場合によっては「ウソを伝えた」と見なされかねません。

**●ラーメン屋さんの前に行列ができているのを目にしたとき**

事実：ラーメン屋さんの前に行列ができている

事実とは言い切れない：人気店である

この行列を初めて見たのであれば、当然、「人気店」とは言い切れません。たまたまお昼時で、なおかつ、店内が狭かっただけかもしれません。もちろん、毎日のように行列が続いているお店であれば「人気店である」可能性が高まりますが、その見極めはしっかりと行わなければいけません。

たとえば、行列待ちをしている人から「このお店の大ファンで、よく食べに来ます」という話が聞けたのなら、事実として伝えてもいいかもしれませんが、「今週は半額キャンペーンだったので来ました」という答えであれば、行列の人々は、単に「安さ目的」で並んでいるだけかもしれません。「行列を見た＝人気店」という推測は決して悪くありませんが、事実か否かの見極めには慎重を期す必要があります。

●いつもおしゃべりなBさんだが今日は言葉数が少ない
事実：Bさんの様子がいつもと違って少しおかしい
事実とは言い切れない：私に対して怒っている

ふだん明るい人の言葉数が少なければ、「あれ、怒っているのかな？」と気になるのは仕方ないことでしょう。しかし、あなた自身に相手を怒らせた理由が思い当たらないのであれば、「私に対して怒っている」は事実とは限りません。

もしかすると、自分と会う直前にたまたま他の誰かとトラブルになったのかもしれませんし、今日は朝から体調が優れないのかもしれません。あるいは、その日の夜に、ある重要な会合でスピーチをしなくてはならず、緊張している。そんな可能性も考えられます。

本人が「あなたの今回の仕事には失望した」という発言でもしたのであれば「私に対して怒っている」は事実となりますが、その証拠がない段階で相手の気持ちを「決めつける」のは早計です。

「『事実or不実』見極めトレーニング」を続けると、物事を見極める目が養われます。

たとえば、新聞や雑誌の記事などでも、事実だけではなく、書き手の判断が入り込んでいることが多々あります。読み手がこうした判断を事実と混同して受け取った場合、誤った情報をインプットしたことになってしまいます（恐ろしい！）。「書き手の判断」を見抜く力は、「だまされない」ための自己防衛能力でもあるのです。

**目の前の光景に含まれている「事実」の抽出が上手になると、自分が書く側に回ったときに「ウソのない」誠実な文章が書けるようになります。**また、人の文章を読むときには、書き手に悪意が「ある・ない」にかかわらず、不自然な文章を見抜けるようになります。

つまり、情報感度が高まるため、アウトプットとインプットの能力が総合的に高まるのです。

# 17

## 「事実↓答え」の流れで論理的な文章ができる

### ～「だから」で答えるトレーニング

映画やドラマ、あるいは、実際のオフィスで、事実だけを報告する部下に、上司が「それで？」「だから？」「結論は？」などと詰め寄る光景を目にしたことのある方もいるでしょう。たとえば、次のような報告です。

部下：「A社に取材の打診をしてみましたが、工場の生産ラインを撮影するのはNGとのことでした」
上司：「それで？」
部下：「それでと言いますと……」

この部下に足りないのは「答えを導き出す力」です。

**① A社に取材の打診をしてみましたが、工場の生産ラインを撮影するのはNGとのことでした。したがって、今回は社長インタビューをメインに誌面構成したいと考えています。**

**② A社に取材の打診をしてみましたが、工場の生産ラインを撮影するのはNGとのことでした。したがって、A社を断念して、新たな取材先としてB社を検討したいと思います。**

「撮影NG」という事実から、「誌面構成の変更」という答えを導き出したのが①で、「取材先の変更」という答えを導き出したのが②の文章です。答えの良し悪《あ》しはさておき、どちらの文章も、事実を踏まえたうえで何かしらの答えを導き出している点で評価できます。

**【流れ①】** 事実を把握する
**【流れ②】** 事実を踏まえたうえで、自分なりの答えを導き出す

文章を書くときにも、この「①→②」の流れを意識する必要があります。「答え」には

書き手の意見や主張、価値観などが盛り込まれます。**事実だけを述べて、そこから導き出した答えを書かないのは、書き手の怠慢にすぎません。**

**先日の健康診断で肝機能の判定がDの「要治療」でした。**

意味は理解できますが、思わず突っ込みたくなる人もいるはずです。「それで？」「だから？」と。

**先日の健康診断で肝機能の判定がDの「要治療」でした。つきましては、今日から一ヶ月間、禁酒することにしました。**

健康診断の結果（事実）を踏まえて、書き手は「一ヶ月間の禁酒」を決断しました。「①→②」の流れが押さえられています。

**この交差点には信号がない。だから、至急信号を作ったほうがいい。**

この文章はどうでしょう。「①→②」の流れを押さえているように見えますが……どうにも説得力がありません。なぜなら「信号がない→至急信号を作ったほうがいい」という因果関係が乱暴すぎるからです。この文章をヨシとするなら、世の中にある交差点すべてに信号をつけなければいけなくなります。

この文章の場合、問題は主に①にあります。「至急信号を作ったほうがいい」という意見に説得力を持たせるには、①の事実をもう少し強化する必要があります。

**この交差点には信号がない。そのせいで交通事故が頻繁に起きている。今月もすでにクルマ同士の接触事故が二度あった。だから、至急信号を作ったほうがいい。**

これが、「事実」を強化した文章です。「交通事故が頻繁に起きている」「今月もすでにクルマ同士の接触事故が二度あった」という事実を追加したことで「①→②」の流れに違和感がなくなりました。

このように、①と②の間には、読む人が納得するに十分な「因果関係」が必要になります。因果関係の弱い状態で書かれた文章は、ときに「論理的でない」と駄文扱いされてしまうので、注意が必要です。

なお、「①→②」をつなぐ言葉には、以下のようなものがあります。「したがって」「だから」「そのような訳で」「ですので」「そのため」「つきましては」「そこで」「これにより」「それゆえ」「このことから」「以上から」……。

これらの言葉には、「①（事実）を踏まえた結果、言えることは次の通りです」という意味があるので、その続きに、事実から導き出した答えを書けばＯＫです。「事実」と「答え」の因果関係が強いほど論理的な文章ができ上がります。

## ◆「だから」で答えるトレーニング

事実から答えを導き出すトレーニングとして有効なのが「『だから』で答えるトレーニング」です。ある事実を目にしたときや、ある体験をしたときなどに、「だから」を使って、自分なりの答えを導き出すのです。

事実　：目の前を歩いていた女性が、つまずいて転びそうになった。
だから：自分も転ばないように気をつけよう。

事実　：天気予報で「夕方から雷雨の恐れがある」と言っていた。
だから：傘を持って行こう／夕方までには戻ってこよう。
事実　：昨夜は三時間しか眠れなかった。
だから：今日は仕事中に集中力が落ちないよう工夫しよう。
事実　：ガソリンが二年五ヶ月ぶりの高値を記録した。
だから：長距離ドライブに行く回数を少し減らそう。
事実　：今年、父が還暦を迎えた。
だから：お祝いにハワイへ連れて行こう／もう少し父を労《いたわ》ろう。
事実　：こんどの転職先では、海外転勤の可能性もある。
だから：今のうちに英会話力を磨いておこう。

このトレーニングで気をつけたいのは、「事実」と「だから」の因果関係です。「だから」で答えたときに、つながりに不自然さがないかよく確認しましょう。

たとえば、「今年、父が還暦を迎えた」という事実を受けて、「だから、私ももっと頑張ろう」では、少し強引な感じを受けます。「私が頑張る」ことと「父が還暦を迎えた」ことの関係性が薄いからです。

一方で、「だから、お祝いにハワイへ連れて行こう」「だから、もう少し父を労ろう」という答えであれば、「父が還暦を迎えた」との因果関係が強く、読む人も納得するはずです。

「だから」で導き出される答えには、その人自身の意見や価値観が色濃く反映されます。つまり、このトレーニング自体が、自分の意見や価値観と向き合うワークの役割も果たしているということです。主たる狙いは「文章力強化」ですが、その陰に「自己発見」の狙いが隠されているのです。

# 18 「要するに」で最大のメッセージを伝える
## ～人の話をまとめるトレーニング

前項で「事実を把握する→事実を踏まえたうえで、自分なりの答えを導き出す」という流れのパターンをご紹介しました。
本項では、中継役に「要するに」を使うパターンをご紹介します。

**【流れ①】**事実を把握する
**【流れ②】**事実を要約しつつメッセージを伝える

「要するに」のあとには、それまでの文章（事実）から本質を抽出した「まとめ」が来ます。つまり、「要するに」を使うことによって、もっとも伝えたいメッセージが浮き上がるのです。

**米や野菜や肉がおいしいうえに、歴史的な建造物や伝統文化も残されています。近年は世界的な芸術家も数多く輩出しています。ここは、そんな町なのです。**

この文章を読んだ人は、どのような感想を持つでしょうか。とくに何も感じないか、あるいは「へえー、そうなんだ」と軽く流す感じか……。意味は理解できるけど、「要するに？」「だから？」と突っ込みを入れたくなる状態です。読者に突っ込みを入れさせないためには、話（事実）をまとめつつ、もっとも伝えたいメッセージを浮き上がらせる必要があります。次のように修正できます。

**米や野菜や肉がおいしいうえに、歴史的な建造物や伝統文化も残されています。近年は世界的な芸術家も数多く輩出しています。要するに、この町にはアピールすべき魅力がたくさんあるということです。**

「要するに」を中継役に、「この町にはアピールすべき魅力がたくさんあるということです」とまとめることによって、書き手が言わんとするメッセージが明確になりました。原文よりも視界がパッと開けた印象を受けます。

**彼女はシュートもパスもドリブルも一級品。フットワークもよく、スタミナもチーム随一です。ところが、気持ちが優しいせいか、試合になるとふだんのプレーが影を潜めます。**

ある女性バスケットボール選手について書いた文章です。理路整然と書かれており、理解に苦しむところはありません。ところが、悪い意味で「引っかかり」を感じません。読む人は、ここでもやはり「要するに?」「だから?」と思うはずです。読む人が知りたいのは、この文章に書かれている「事実」以上に、この事実を通して、書き手が何を伝えたかったのか、です。

**彼女はシュートもパスもドリブルも一級品。フットワークもよく、スタミナもチーム随一です。ところが、気持ちが優しいせいか、試合になるとふだんのプレーが影を潜めます。要するに、いくら技術が優れていても、メンタルが強くなければ、本番で持ち味を発揮できないということです。**

「要するに」以降で話をまとめることによって、最大のメッセージが浮き彫りとなりました。そう、書き手は「メンタル」の重要性を示したかったのです。

**彼女はシュートもパスもドリブルも一級品。フットワークもよく、スタミナもチーム随一です。ところが、気持ちが優しいせいか、試合になるとふだんのプレーが影を潜めます。要するに、技術というのは、ただ「ある」だけではダメだということなのです。**

「技術万能思考」に対する批判という切り口を狙うなら、このようなまとめ方でもいいでしょう。**「事実」から「本質」を抽出しながら、どのようにまとめるか——書き手の腕が試されるところです。**

なお、「要するに」以外にも、「つまり」「したがって」「言い換えれば」「すなわち」「このように」などの言葉が、前後半の中継役になり得ます。状況に応じて使い分けましょう。

## ◆人の話をまとめるトレーニング

それまでの文章から「本質」を抽出してまとめるには、ふだんからまとめグセをつけておく必要があります。まとめグセ習得の指南役として「人の話をまとめるトレーニング」

が有効です。人との会話中、相手が何かトピックを話し終えたところで、相手の話の本質を見極めてタイミングよく「まとめ」を口にするのです。

「昨日の夜、悠太とデートだったんだけど、そんなときに限って運悪く上司から仕事を頼まれちゃって、結局、残業することになったの。待ち合わせ時間に一時間近く遅れたから怒っているだろうなぁ、と思ったら、悠太ったら笑顔で『残業、お疲れ様』って言ってくれたの」

親友との会話中にこんなエピソードを聞かされたら、話の本質を抽出して次のように「まとめ」を口にしましょう。

「へえー、そうなんだぁ。悠太くんって本当に優しいよね」

「へえー、そうなんだぁ。悠太くんって本当にエミのことが好きなんだね」

このようなまとめができれば、話の本質をつかめている証拠です。一方で、次のようなまとめでは、本質をとらえているとはいえません。

「ホント、上司ってタイミング悪いよね」

相手が一番伝えたかったのは「上司のタイミングの悪さ」でしょうか。違いますよね。上司のくだりは、今回のエピソードでは脇役にすぎません。

**「人の話をまとめるトレーニング」は、単にまとめればOKではありません。大事なのは話の本質・核心をつかむこと。**しっかりと核心をつかんだうえでまとめることができれば、「この人は話をよく聞いてくれる」「核心をつかんでくれて嬉《うれ》しい」と相手に喜ばれるはずです。逆に、話の本質・核心をつかみ損ねると相手が不信を募らせかねません。厳しいようですが、そうしたリスクを受け入れてこそのトレーニングです。

「実は転職したんだよ。これまでずっとパソコン作業ばかりしてきたから、一度くらい人と接する営業をしてみようと思ってね。ところが、イメージしていた営業とはまったく違って、毎日飛び込み営業の連続。契約を取らずには会社には戻れない雰囲気がストレスで……結局、体を壊しちゃったよ。はぁ～」

友人からこんなエピソードを告白されたら、あなたはどんなふうに返しますか？

「そっか。営業のイメージが違ったのは災難だったね」

「そっか。飛び込み営業は難しいからなぁ」

「そっか。体を壊すほどって、よほどのストレスだね」

このようなまとめができれば合格です。逆に、「バカだな。よく考えずに転職するから、そういうことになるんだよ！」という具合に、いきなり自分の意見を言うのはNGです。

くり返しになりますが、大事なのは話の本質・核心をつかむことです。「人の話をまとめるトレーニング」は、それ自体がコミュニケーション能力養成の役割も果たしているのです。

なお、話をまとめるのは、相手の話が一段落したときに限ります。話の途中で口を挟まれると、たとえそれが的を射ていたとしても、相手は「話の腰を折られた」と感じてしまうからです。

また、言葉を返したあとは相手の反応に注意しましょう。こちらのまとめが本質・核心をつかめていれば、そのままスムーズに会話が続きますが、つかめていない場合は、相手の反応が鈍くなったり、怪訝《けげん》な顔になったりすることがあります。そういうときは相応のフォローを入れて、新たな気持ちで会話に向かいましょう。

# 19

## 比喩を用いて誰にでも分かる文章にする
### ～たとえトレーニング

伝えることが上手な人の多くが「たとえ（比喩）」の名手でもあります。

芸能界にも「たとえの名手」がたくさんいます。くりぃむしちゅーの上田晋也さんもその一人です。先日、ある番組を観ていたら、共演者のすべった発言に対して「非常に空気が悪い」と言ったあとで、「換気扇のない焼肉屋のよう」というようにつけ足していました。「換気扇のない焼肉屋＝非常に空気が悪い」というわけです。

お笑いの要素のなかには、「たとえ」を含んだものが多々見受けられます。以前、ダウンタウンの松本人志さんが、スキマスイッチの常田真太郎さんのアフロヘアを見て、「ええ庭師さん見つけましたね」と言ったそうです。松本さんの頭のなかではアフロヘアを見た瞬間に、剪定《せんてい》が行き届いた丸っこい木が浮かんだのでしょう。そこですかさず「ええ庭師さん見つけましたね」と。これが「ええ美容師さん見つけましたね」ではさほど大きな笑いにはならなかったはずです。これなどは、ひとひねりした「たとえ」です。「たとえ」を使う能力は、文章を書くうえでも大きな武器になります。

**女は「上書き保存」、男は「名前を付けて保存」**。

有名な言葉なので、目にしたことのある人もいるでしょう。過去の恋愛に対する男女のとらえ方の違いを表した言葉です。パソコン上のファイル保存のやり方に上手にたとえています。

**新たなやり方を取り入れるときは、それまでのやり方を捨ててからにしましょう。**

この文章を読んで「なぜ捨てなければいけないの？」と首を傾げる方もいるでしょう。そういう人のために、次のようなたとえを添えてはどうでしょうか。

**器の水を一度捨てるのです。器に水が入っている状態でいくらお湯を注いでも、ぬるま湯にしかなりません。**

「やり方」を「水」にたとえることで、理解しやすくなりました。

**仕事は速ければいいというものではありません。速さを追求すればするほど失敗のリスクも高まります。**

この文章も、「説得力十分」とはいえません。なかには「速くても、きちんと仕事をすることはできるでしょ?」と思う人もいるかもしれません。

**時速六〇キロで走るクルマと時速一〇〇キロで走るクルマでは、後者のほうが、早く目的地に到着するでしょう。ただし、スピードを出す分、事故を起こす可能性も高くなります。時速一四〇キロともなればなおのことです。**

身近な存在である「クルマ」にたとえたこの文章を添えれば、説得力は一気に高まります。スピードの出しすぎが危険であることは、一度でもクルマに乗ったことがある人なら十分に理解できるからです。

**人は見た目が大切です。**

「確かに、その通りだ」と納得する人もいれば、「いやいや、人はやはり中身でしょう」と納得しかねる人もいるでしょう。

**同じ料理でも、盛り付けるお皿が「ペラペラの紙皿」か「豪奢《ごうしゃ》なお皿」かでは、おいしいと感じるのは後者ではないでしょうか。「見た目」というのはそれくらい大切なものなのです。**

このたとえを読んで「確かに、その通りだ」と思う人が多ければ、この「たとえ」は成功ということになります。

- 似て非なるもの⬇見かけは赤でも、いちごと唐辛子くらい違います。
- 物足りない⬇醬油《しょうゆ》をかけない卵かけごはんのようなものです。
- 不可能⬇クルマがないのに「ドライブに行こう」と言うようなものです。
- それ自体は価値がないもの⬇譜面上の音符は、音にして初めて意味を持ちます。音にしなければただの模様にすぎません。

・心のなかで「ムリだ」と思いながら行動している⬇アクセルを踏みながら、同時にブレーキも踏んでいるようなものです。

・それを必要としている人がいる場所でなければ、モノは売れない⬇砂漠の真ん中でスキーの板を売っても売れません。

・大きな舞台を経験しなければ成長しない⬇小さい鉢に植えられた苗木よりも、大きい鉢に植えられた苗木のほうが大きく育ちます。苗木は鉢の影響を受けるのです。

このように、上手にたとえることによって、文章の理解しやすさと説得力がアップします。

**たとえるときは、元の事実よりもイメージしやすくなっていることが最低条件です。**たとえる先が「クルマ」や「食べ物」であれば、多くの人が一瞬でイメージできますが、「ラクロス」や「狂言」「モノポリー」だと、分かりにくい人もいます。せっかく書き手は気を利かせて「たとえ」を用いたのに、読み手は余計に混乱するばかり……。これでは本末転倒です。

## ◆たとえトレーニング

たとえのセンスを磨くためには、ふだんから別の言葉に置き換える「たとえトレーニング」がお勧めです。このトレーニングでは、いろいろな物事や人、出来事などを、ほかのものにたとえていきます。

よく「明るい人」のことを「太陽のような人」「ひまわりのような人」とたとえることがあります。では「暗い人」のことは、どのようにたとえられそうでしょうか？「勤勉な人」のことは？「うっかり者」のことは？「お茶目な人」のことは？分かりやすいたとえを考えてみましょう。

いきなりたとえるのが難しいようなら、「〇〇のような」「〇〇のように」というフォーマットを使いましょう（〇〇にたとえが入ります）。初めは「天使のような笑顔」「刃物のような鋭さ」「宝石のような美しさ」など簡単に思いつくもので構いません。慣れてきたら、少しひねりを加えたオリジナルのたとえにも挑戦してみましょう。

- ホイップクリームのような泡
- 鶴の羽根のような白さ

・底の見えない井戸のような恐怖
・料亭の女将《おかみ》のような丁寧さ
・辞世の句のようなせつなさ
・風雪にも負けない雑草のような強さ
・湿度八〇パーセントの部屋に閉じ込められたような気だるさ
・会心のシュートがゴールポストに嫌われたときのような苛立《いらだ》ち
・愛娘《まなむすめ》が初めて「ママ」と口にしたのを聞いたときのような喜び
・サウナから出て水風呂にダイブしたときのような爽快感

ふだん専門分野の文章を書く人であれば、難しい専門用語などを分かりやすく言い換えられるよう、事前に「たとえ」のネタをストックしておくといいでしょう。

・IT関係➡「ハードディスク」と「メモリ」と「ファイル」の違いをたとえで示す
・自動車関係➡「エンジンの馬力」と「燃費」の関係をたとえで示す
・対人関係（セラピストなど）➡「コーチング」「カウンセリング」「ヒーリング」「コンサルティング」「セラピー」の違いをたとえで示す

・ファッション関係⬇「オーダーメイド」の「フルオーダー」「イージーオーダー」「パターンオーダー」の違いをたとえで示す
・国語教師⬇「作文」と「小論文」の違いをたとえで示す
・金融関係⬇「投資」と「投機」の違いをたとえで示す
・医療関係⬇「西洋医学」と「東洋医学」の違いをたとえで示す

かつて作家の井上ひさし氏は、次のような言葉を残しました。

「作文の秘訣《ひけつ》を一言でいえば、自分にしか書けないことを、だれにでもわかる文章で書くということだけなんですね」

「たとえ」は、「だれにでもわかる文章」を書く方法のひとつです。専門的な知識や情報を豊富に備えている人は世の中に山ほどいますが、それらを分かりやすく人に伝えられる人は、ほんのひと握りです。その「ひと握り」への仲間入りを果たすためにも、「たとえ」のスキルに磨きをかけていきましょう。

# 第4章

# 深みのある文章を書くトレーニング

# 20

# 視点を増やすと文章に奥行きが出る

## ～視点集めトレーニング

あなたの周りに、物事を決めつけてかかっている人はいませんか？

「男は最低だ」「女は計算高い」「金持ちはケチだ」「政治家は汚い」「子供はうるさい」など……。これらはすべて単視点で語られた、ステレオタイプな見解です。こういう人が書く文章はえてして浅くなりがちです。辛口を売りにするコラムニストであれば、あえて単視点で書くのも芸のうちですが、無自覚な単視点は「イタい」だけです。

あなたが「死後の世界はあるか？」というテーマでリポートを書くとします。

「死後の世界を見てきた」と証言する臨死体験者を取材すれば「死後の世界はある」というリポートを書けるでしょう。一方、「人間の意識とはすべて脳で作られており、脳機能が停止すると意識も消える」と主張する脳科学者を取材すれば「死後の世界はない」というリポートを書けるでしょう。

どちらもインプットを限定した単視点です。インプットの範囲が限定されると、当然ながら、その範囲で論を展開するしかありません。残念ながら、深い文章にはなりません。

では、臨死体験者と脳科学者の両者を取材したらどうでしょう。いえ、二人だけではなく、宗教家、哲学者、精神科医、心理学者、シャーマン、霊媒師、ヒプノセラピスト（催眠療法士）などに取材する、あるいは、「死後の世界」についての関連書籍を数十冊読むなどして、さらに視点を増やすとどうなるでしょうか？　ありとあらゆる視点から考察を深めながら、「死後の世界」について読み応えのあるリポートを書き上げることができるでしょう。**「視点」が増えると論が深まるのです。**

「視点」について、もう少し簡単に説明しましょう。仮に、Aさんについて文章を書くとき、次のような視点から語ることができます。

①Aさんの容姿
②Aさんの性格
③Aさんの好きなこと・嫌いなこと
④Aさんの得意・不得意
⑤Aさんの頭の良し悪《あ》し

人によっては「Aさんの趣味」「Aさんの学歴や職歴」「Aさんの価値観や人生観」「Aさんの夢や目標」「Aさんの仕事」「Aさんの人間的な度量」「Aさんの恋愛観や結婚観」などの視点で語りたいという人もいるかもしれません。もちろん、これらはすべて立派な視点です。

**美容師のAさんは決してイケメンではない。**

この文章は、①(容姿)の視点のみで書いた文章です。

**美容師のAさんは決してイケメンではない。しかし、頭の回転が速いうえに、誰に対しても親切だ。**

このように、複数の視点を盛り込んで書くこともできます。この文章には、①(容姿)以外にも、⑤(頭の良し悪し)や②(性格)の視点が盛り込まれています。

ダイエットについて考えるとき、多くの人が「体重」にフォーカスをします。「五キロやせて嬉《うれ》しい」「一キロしかやせられなくて残念」というように。しかし、「ダイエット＝体重」というのは、ひとつの視点にすぎません。ほかにも、「体脂肪」の視点や「ＢＭＩ」の視点で文章を書くこともできます。

**体重は落ちたものの、ＢＭＩはまだ「肥満」の判定だ。**

これは、「体重」というひとつの視点のみでは決して書けない文章です。ほかにも、「健康」や「美容」「脳科学」「心理学」などの視点からダイエットを語ることもできます。たとえば、次の文章は「健康」の視点で書いたものです。

**たとえ一ヶ月で一〇キロやせたとしても、ふらふらで体が動かなければ、そのダイエットは成功とはいえません。**

同じく、視点を「美容」にすれば、次のような文章を書くことができます。

**脂肪を落とすと同時に、つけるべきところに筋肉をつける。両者のバランスを最適化**

**することで理想のプロポーションに近づきます。**

このように、視点を変化させることによって物事の見え方が変化し、書くべきテーマに広がりと奥行きが生まれます。「体重」「体脂肪」「ＢＭＩ」「健康」「美容」「脳科学」「心理学」などの視点を総動員して文章を書けば、相当に読み応えのある「ダイエット記」が完成することでしょう。

もしも読む人を「なるほど！」と感心させる文章を書きたいなら、ひとつの視点に固執してはいけません。**どんな視点から語ることができるか、どんな視点から語ればおもしろいか、どんな視点から語れば説得力が生まれるか――あらゆる可能性を模索できるよう、多種多様な視点を一度手元に集めましょう。**

仮に、ある特定の視点で話を深める場合でも、他の視点が見えているのとそうでないのとでは文章の深みが違ってきます。

「1しか見えていないから1です」ではなく「10見えているけど、それでも1です」と書くことにそのメッセージの価値があるのです。

「増税」をテーマに書いた次の文章をお読みください。

**猫の目のように変わる消費税の税率。二〇一四年に五パーセントから八パーセントに上がった税率は、二〇一七年には一〇パーセントへの引き上げが予定されています。消費税率がじわじわと上がると、「また一段と家計が苦しくなる……」と暗い気持ちになる人も多いはずです。**

この文章は「国民」の視点で語られたものです。共感する人も多いでしょう。しかし、「段階的な税率引き上げ→家計が苦しくなる」という見解は、ややありがちです。少し厳しい言い方をするなら、誰にでも書ける平凡な文章。目新しさや奥行きがありません。では、「国民」という視点に「国」という視点を加えてみましょう。

**猫の目のように変わる消費税の税率。二〇一四年に五パーセントから八パーセントに上がった税率は、二〇一七年には一〇パーセントへの引き上げが予定されています。消費税率がじわじわと上がると、「また一段と家計が苦しくなる……」と暗い気持ちになる人も多いはずです。**

**一方で、この段階的な引き上げは、国民に対する国の配慮とも言われています。一度に五パーセントの引き上げは、家計への負担が大きい。そこで税率の引き上げを二段階**

**にして、家計への負担を減らそうと考えられたのです。確かに、大きなパンチ一発よりも、小さなパンチ二発のほうが、受ける側のダメージは少なく済みます。**

「国」という新たな視点を加えることによって、「増税」に対する見え方が変化しました。前者を「平面的な文章」とするなら、後者は「立体的な文章」です。

さらに、「国民」や「国」という視点に、「世界」という視点を加えてみたらどうなるでしょうか。「ヨーロッパ諸国では、消費税率二〇パーセントを超える国がザラにある」「アジア・中東諸国でも消費税率一〇パーセントを超える国が多い」という内容を盛り込むことで「増税」に対する見え方が再び大きく変化するはずです。**視点が増えるほどテーマが立体的かつシャープになり、読み応えが増していきます。**主張にエッジを利かせる手法（あえて単視点で語る書き方）との併用ができればベストでしょう。

## ◆視点集めトレーニング

さまざまな視点で物事を語るためには、日ごろから視点の数を増やすクセをつける必要があります。そこでお勧めなのが「視点集めトレーニング」です。もしも、海外旅行から帰ってきた直後であれば、どのような視点を集められそうでしょうか。考えてみましょう。以下は視点の一例です。

- 食べ物／物価／景気／活気／自然／文化／言語／治安／政治／歴史／国民の気質／景観／特産品　など

これくらいの視点がそろえば、おもしろい海外旅行記が書けるでしょう。
もしも、あなたが映画を観《み》た直後であれば、どんな視点を集められそうでしょうか。

- 物語／登場人物／シーン／セリフ／映像／音楽／編集／監督／役者／役者の演技力など

では、レストランで食事をした直後であればどうでしょう。

- メニュー／味／インテリア／雰囲気／食器類／お店の場所／ホスピタリティ／サービス／お店のこだわり／価格／混雑ぶり　など

「メニュー」や「味」は比較的集めやすい視点です。一方で「ホスピタリティ」や「お店のこだわり」などは、集められる人もいれば、集められない人もいるはずです。もちろん、ここに挙げたもの以外の視点を集めた方もいるでしょう（その調子です！）。

映画であれば「興行収入」「字幕」「ロケ地」、レストランなら「食材」「BGM」「客層」などの視点もあるでしょう。できる限り多くの視点を集めることが、このトレーニングの目的です。すでに文章を書くことが決まっている事柄があるようなら、なおさら意識して視点を集めましょう。

「なかなか視点が集まらない……」という方は、もしかすると、正しい視点を集めようとしすぎているのかもしれません。頭が少し硬い状態です。**すべての物事は多視点で見ることができます。視点がひとつしかないということはあり得ません。**

他の視点が見えないときは、自分から物事の裏側に回りこんだり、物事の下に潜り込んだり、あるいは、物事自体をひねったり、伸ばしたり、投げたり、たたいたり、こねくりまわしたりしながら、視点を見つけ出すことが大切です。黙って指をくわえて見ていても、誰も視点を集めてはくれません。書き手自身が集めるほかないのです。

では、以下の事柄・題材で視点集めに挑戦してみましょう。

・最近読んだ本について➡著者の情報／本のテーマ／世間での話題性／読書の動機／本を読んだ感想　など
・自分の住む町について➡不動産の相場／社会保障／学校の数／レストランや居酒屋といった外食産業　など
・自分の仕事について➡仕事内容／社会貢献度／職場の雰囲気／報酬　など
・長年の習慣について➡やり方／やり始めたきっかけ／効果／弱点　など
・好きな料理について➡いつから好きなのか／好きな理由／世間での評価／食材／味／食感／見た目／匂い／料理のアレンジ／食べられるお店／自宅で作れるor作れない／よく食べられている国・地域　など

視点に正しいも間違いもありません。「正しい視点を集めなければいけない」という固定観念は、文章を書くうえで大きな障害となりますので、これを機会に捨ててしまいましょう。むしろ、意外性のある視点、突飛な視点から、興味深い文章が生まれるケースのほうが多いくらいです。集めた視点の良し悪しを安易にジャッジしてはいけません。どの視点に「宝物」が埋まっているかは意外に分からないものなのです。

# 21 感情の正体を深掘りする

## ～なぜトレーニング／喜怒哀楽トレーニング

モヤモヤした気持ち、スッキリしない気持ち、あいまいな気持ち……。**感情にモヤがかかっているときに、その「モヤ」の正体に気づける人は、深みのある文章を書く素養のある人です。**

**①　公開中の映画『〇〇』を鑑賞しました。いい映画だとは思うのですが、自分が好きかどうかでいうと……微妙なところですね。**

読んでいるこちらまでモヤモヤしてしまう文章です。おそらく書き手は、この映画があまり好きではないのでしょう。でも、その「あまり好きになれなかった」理由が自分自身でもよく分かっていない。だから、ぼんやりとした、読む人にとって「どうでもいい」文章を書いてしまうのです。

**②　公開中の映画『〇〇』を鑑賞しました。主人公の感情の揺れに迫った人間ドラマは確かに見応えがあり、俳優陣の演技も見事だったと思います。**

**一方で残念だったのが、めちゃくちゃな時代考証です。映画の舞台はバブル最盛期の一九八八年。ところが、主人公が乗る乗用車が、当時はまだ存在していないインプレッサで、自宅にも、存在しているはずのないスーパーファミコンが置かれているのです。また、登場する女性のほとんどが髪を茶色く染めているではないですか。確か、バブル期は黒髪が主流だったはず……。それに、求人数が就職希望者数を大幅に上回っていたこの時期に、就活に悩む女子学生のエピソードが挟まれるなど、リアリティを欠いたドラマも散見されました。気にならない人もいるのかもしれませんが、時代考証がお粗末な映画は、どうも自分にはなじめません。**

「あまり好きではない」理由がはっきり示されていない①に対して、②ではその理由がはっきりと示されています。書き手は「めちゃくちゃな時代考証」に興ざめしてしまったようです。この文章であれば、読み手がモヤモヤすることもありません。①になくて②にあるのは「深掘り力」です。「深掘り」とは、その名の通り、物事を深く掘ることです。モヤモヤの理由が深掘りされていない①に対して、原因を深掘りしたのが②の文章です。

感情にモヤがかかっていることに気づいたとき、そのモヤの正体を突き止めるべく深掘りしなければ、①のような物足りない文章を書くはめになります。一方、深掘りしてモヤの正体を突き止めた人は、②のような、明瞭で理解しやすい文章を書くことができます。

**③　箱根にある○○旅館。建物も古く、食事も決して豪華ではない。でも不思議と居心地がいい。**

「建物も食事もさほどよくないのに、なぜ居心地がいいの？」とモヤモヤした気持ちになる人もいるでしょう。「不思議と」の詳細が書かれていないせいです。書き手は、詳細を書かなかったのではなく、書けなかったのかもしれません。なぜ居心地がいいのか、その理由が自分でもよく分かっていないのではないでしょうか。

**④　箱根にある○○旅館。建物も古く、食事も決して豪華ではない。でも不思議と居心地がいい。女将《おかみ》さんとスタッフのおもてなしが素晴らしいからだろう。**

居心地のいい理由が書かれていない③に対して、④には「女将さんとスタッフのおもてなしが素晴らしいからだろう」という具合に、居心地のいい理由が書かれています。この文章であれば、読み手がモヤモヤすることはありません。感情の理由を書けたのは、自分と向き合って感情を掘り下げたからです。

もっとも、③のような文章が絶対にNGということではありません。ミステリアスな雰囲気、あるいは、余韻を出すために「あえて多くを語らない」という書き方も、あって然《しか》るべきです（文章上級者のワザとして）。大事なことは、そこに「狙い」があるかないかです。狙いがないのであれば、語るべき理由を書いたほうが賢明です。

では、あなたが日曜日の夕方、自宅にて一人で本を読んでいたときに、ふと「寂しい」と感じたとします。あなたはなぜ寂しいと感じたのでしょうか？　感情がわいた理由を深掘りして突き止めなければ、文章にすることはできません。

- 今日は家族が留守にしているから
- ふと自分の将来が不安になって
- そのときかけていた音楽が寂しげだった
- 子供のときの〇〇な記憶を思い出して

人間の感情は複雑です。もちろん「なぜ寂しいのかよく分からない」というときもあるでしょう。しかし、最初から諦めた結果の「分からない」と、自分の感情と向き合った末に導き出した「分からない」は似て非なるものです。

仮に、自分の感情と向き合った末に「やっぱり分からない」という結論に達したとしても、そのプロセスがムダになることはありません。なぜなら、次のような文章を書くこともできるからです。

**日曜日の夕方はなぜか寂しい。今日は昼間に友達とランチをしたし、仕事は好きだから月曜日が憂うつなわけでもない。でも寂しく感じるのだ。理由を考えてみたけれど、よく分からない。もしかしたら「日曜日の夕方は寂しくなる」という情報が、自分のDNAに書き込まれているのかもしれない（笑）。考えても分からないことは、すべて「神様の見えざる配慮」として受け止めるのが利口なのかも。だから、寂しさはひとまず脇に置いて、パスタでも茹《ゆ》でるとしよう。そのうち寂しさも紛れるだろう。**

このように、自分の感情と向き合ったプロセスを書くことも、ひとつの立派な文章アプローチです。だから、たとえ「寂しい理由」を突き止められなかったとしても、がっかりすることはないのです。

モヤがかかった感情を深掘りするときに重宝するのが「Why（なぜ）」です。

先ほどの①の文章であれば「なぜ微妙なのか」、③の文章であれば「なぜ居心地がいいのか」という具合に、自分のモヤのかかった感情に「なぜ」と質問をぶつけることによって、その理由が浮かび上がってきます。

トヨタ自動車の「なぜなぜ五回」をご存じの方は多いでしょう。「何か問題が起きたときに五回続けて『なぜ』をぶつけることによって、物事の因果関係や、その裏に潜む本当の原因を突き止めることができる」というものです。

この「なぜ」が、感情の理由を突き止めるときにも有効なのです。**「なぜ」は感情を深掘りするスコップのようなもの。自在に使いこなせるようになると、書く材料がどんどん集まってきます。**

## ◈なぜトレーニング

文章を書くときだけ「深掘り」に精を出しても、なかなかうまくいかないものです。そもそも、ふだんから意識して自分の感情と向き合っていなければ、感情にモヤがかかっていることにすら気づかないかもしれません。

一方で、ふだんから「なぜ」を使って感情を深掘りするクセをつけておけば、いざ文章を書くときにも、感情にかかったモヤを手際よく取り除くことができます。

そこでお勧めしたいのが「なぜトレーニング」です。「なぜか○○」「妙に○○」「不思議と○○」と感じたときが、トレーニング開始の合図です。

- なぜか今日は楽しくない
- 不思議と嬉しくない
- なぜか最近やる気が出ない
- 今日の飲み会は妙に楽しい
- 今日は妙に嬉しい

自分が「なぜか○○」「妙に○○」「不思議と○○」という感情を抱いたときに、その理由（原因）を突き止めるべく「なぜ」で感情を深掘りします。

- なぜか今日は楽しくない⬇（なぜ）昨夜、彼氏とケンカをしたから

・不思議と嬉しくない⬇（なぜ）褒め言葉なのだけど、皮肉のようにも感じるから
・なぜか最近やる気が出ない⬇（なぜ）今やっている仕事は上司から命令されたものだから
・今日の飲み会は妙に楽しい⬇（なぜ）明日から夏季休暇だから
・今日は妙に嬉しい⬇（なぜ）入院していた母の退院が決まったから

「なぜか」「妙に」「不思議と」というモヤの正体をあえてふせることで、読み手の気持ちを引きつけるテクニックもあります。しかし、そのテクニックを隠れ蓑《みの》に、自分の感情を掘り下げる努力を怠ってはいけません。

雲に隠れていた富士山が姿を現すときのように、モヤがかかっていた感情がパキーンとその姿を現したときの感動は、何とも言えないものです。深掘りに時間と労力を費やしたときほど「ラッキー」と思うべきです。なぜなら、苦労して突き止めた感情の理由は十中八九「書くに値する」からです。

**もしもあなたが文章巧者を目指すのであれば、どんなときでも、理由がよく分からない感情を放置しないことです。感情には必ず理由があります。**自分の感情と向き合うこの「なぜトレーニング」は、単なる「文章の材料集め」になるだけではなく、「自分」という

不確かな存在のコア（核）を知る絶好のチャンスでもあるのです。

## ◆喜怒哀楽トレーニング

感情の深掘りに有効なトレーニングをもうひとつご紹介します。「喜怒哀楽トレーニング」です。先ほどの「なぜトレーニング」の発展版だと思ってください。

人間の「四大感情」とも言うべき「喜怒哀楽」が生まれたときに、その理由を突き止めるべく自分の感情と向き合いましょう。どうして、あなたのなかにその感情は生まれたのでしょうか？　その理由を明らかにするのです。

たとえば、同僚の仕事ぶりを見てなぜかイライラした場合は、その理由を考えてみましょう。自分の感情と向き合ってみたところ、「実は自分は仕事ができる同僚に嫉妬していた」という事実が浮かび上がるかもしれません。

たとえば、混雑した場所に行くとワクワクするという人は、なぜワクワクするのか、その理由を考えてみましょう。自分の感情と向き合った結果、「物心ついたころから人でごった返したお祭りが大好きだった」ことを思い出すかもしれません。

人間の感情の根っこは思いのほか見えにくいので、自分の感情にだまされてしまうことも珍しくありません。それゆえ、複雑な感情が芽生えたときほど慎重に深掘りしていく必要があります。

一例を挙げると、他人に尽くすことに一生懸命な人が、「なぜこれほどまで人に尽くしたくなるのだろう」と考えた際、ともすると「人の笑顔を見るのが好きだから」というような理由が出てきがちです。しかし、よくよく感情のコアに目を向けてみたら、本当の理由は「人に尽くすことで、自分がいい人だと思われたいから」であった、というようなケースも珍しくありません。

くり返しになりますが、人間の感情は複雑です。しかし、複雑だからこそ、見えにくいからこそ、その感情と向き合うことに意味があります。本当の理由に気づいたときに、真に奥深い文章、おもしろい文章、読み応えのある文章を書くことができるのです。

**「感情」を文章にするときに、その理由を突き止められる人と突き止められない人とでは、文章のクオリティに大きな差が生じます。**もちろん、私たちが目指すのは前者です。

# 22 ディテールを書き込むことで読む人の興味を引く
## ～細部描写トレーニング

**おもしろい映画でした。**

**感動的なライブでした。**

**おいしいタンタン麺でした。**

**汚い机である。**

「おもしろい」「感動的な」「おいしい」「汚い」……。このような「表層」を描く表現のみで、心情や様子を語り尽くすことは不可能です。

**もしも、読む人に興味を持ってもらいたいなら、「表層」ではなく「深層」を描かなく**

**てはいけません。そのために必要なのが「細部描写力」です。**

「細部描写力」とは読んで字の如《ごと》し、「細部を描き写す力」のこと。前項で取り上げた「感情」をはじめ、五感（視覚、聴覚、触覚、味覚、嗅覚）、記憶、事実、風景、様子など、あらゆる事柄を文章化する際に重宝します。

**おもしろい映画でした。愛と憎悪、期待と不安、希望と絶望——相反する要素を綿密に編み込んだドラマは、一筋縄ではいかない人間社会の縮図そのもの。リアリティのある設定にどっぷりとのめり込みました。**

**感動的なライブでした。演奏は荒削り。ボーカルも決してうまくない。ただ、メンバー四人から放たれる理屈抜きのパッションに、私の小さなハートは鷲《わし》づかみにされました。彼らのライブは「聴くもの」ではなく「感じて受け止めるもの」だと再認識しました。**

**おいしいタンタン麺でした。スープを口に含んだ瞬間に、口のなかに香ばしい胡麻《ごま》の香りとコクのある旨味《うまみ》&ピリ辛が広がり、幸せな気分に包まれた〜。麺はツルツル。こ**

**ちらも完璧に私好みでした。**

**汚い机である。全体を支配するのは無造作に積み上げられた資料と本の山。それらの隙間を縫ってわずかに露出する、かろうじて「机」と呼べるスペースには、新雪よろしくホコリが降り積もっている。間違いなくその上に指で字が書けるであろう。そのほか散見されるのは、百均のボールペンに、嚙《か》み跡がついた鉛筆、白黒のまだらな消しゴムかす、へなへなの輪ゴム、食いかけの菓子パン、鼻水をかんだティッシュペーパー……。まだまだあるけど、もういいや。見ているだけで気持ちが滅入る光景だ。**

このように、ディテールを徹底して書き込むことでリアリティが生まれ、読む人の気持ちが引き込まれるのです。

よく「最近あった嬉しかったこと」というテーマで文章を書かせると、「最近嬉しかったのは〜」と書く方や、「〜が嬉しかったです」と書く方がいますが、表現という点では凡庸です。

**昨日、一通の封書が送られてきた。中身を取り出した瞬間、思わずガッツポーズを作**

**った。そこには「合格」と書かれていた。**

細部描写ができる人なら、こんな書き方もできるでしょう。細部描写ができれば、「嬉しい」という言葉を使わずに「嬉しさ」を伝えることができるのです。

「神はディテールに宿る」

この有名な言葉の意味は「細部を疎《おろそ》かにしては、全体の美しさは得られない」「細部の仕上がりこそが、作品の価値を決める」というもの。芸術家や建築家が好んで使う言葉ですが、文章においても、この格言のメッセージは当てはまります。**細部描写力に長《た》けた文章には、読む人の興味を引くパワーがあるのです。**

ピースをつなぎ合わせることでひとつの絵が見えてくるパズルのように、あるいはカットをつなぎ合わせることでひとつの物語が見えてくる映画のように、文章の場合も、ディテールをつなぎ合わせることによって、絵や物語（＝メッセージ）をありありと浮かび上がらせることができるのです。

細部を書くためには、当然ながら、書き手自身が細部を把握していなければいけません。「感情」「五感」「記憶」「事実」「風景」「様子」などの細部です。対象となる心情や様子をよく観察して細部を把握します。細部を把握したら、次に、それらを丁寧に書き込んでいきます。

先ほどの「汚い机」の文例であれば、以下のような細部を積み上げています。

「資料の山」「本の山」「かろうじて『机』と呼べるスペース」「降り積もったホコリ」「百均のボールペン」「噛み跡がついた鉛筆」「白黒のまだらな消しゴムかす」「へなへなの輪ゴム」「食いかけの菓子パン」「鼻水をかんだティッシュペーパー」……。これら十個のピースを積み上げることで「汚い机」を表現しているのです。このピースが五つに減ればその分だけ、三つに減ればその分だけ、リアリティが弱まり、読者の興味と関心も目減りしたはずです。

ちなみに、今回は五感のうち「視覚」を中心に書きましたが、嗅覚を使って「鼻の奥を突くシケモクの匂い」と書いたり、触覚を使って「汗でベトついた引き出しの取っ手」と書いたりすれば、読者の脳のなかで「汚い机」がより立体的に立ち上がったことでしょう。

## ◆細部描写トレーニング

心情や様子をなんとなく眺めているだけでは、いざ文章を書くときに細部描写ができません。細部描写力を磨くには、ふだんから「細部を把握→細部を描写」する訓練をしておく必要があります。

ここで紹介する「細部描写トレーニング」は、文章で表現するトレーニングではありません。頭のなかで行うだけで十分に効果が得られます。ふと目に止まったもの、目の前でくり広げられる光景、特別な経験や体験、刺激された感情や五感などを題材に、それらを構成するピースを頭のなかでリストアップしていきます。

●インフルエンザに感染したとき

全体描写　：体がツラい

細部のリストアップ：寒気がする／熱が三九・五度に上がった／節々が痛い／黄色く粘着質の鼻水と痰《たん》が出る／咳《せき》が止まらない／ひたいと後頭部が痛い／食欲がない／体が鉛のように重たい／発汗がすごい／物事が考えられない／悪夢を見る　など

●目の前に座っている同僚の顔

全体描写　：なかなかのイケメン

細部のリストアップ：艶のある肌／鼻筋が通っている／奥二重でぱっちりした目／濃く太い眉毛／くりんとしたまつ毛／眉と目の距離が近い／頬のラインが引き締まった小顔／やや色白／口角の上がった口元／薄い唇／整った歯並び／笑ったときにできるエクボ　など

●行きつけの居酒屋の店内

全体描写　　　　　　：テイストは昭和レトロ

細部のリストアップ：木製のテーブル三卓とカウンター五席／樽《たる》形&木製のイス／唐草模様の座布団が敷かれている／天井から吊《つ》り下がる「ホッピー」と書かれた提灯《ちょうちん》／天井から吊り下がる無数の裸電球／壁一面に貼られた筆書きのメニュー／カウンターに並ぶ焼酎と日本酒の一升瓶／焼き物用の七輪／テーブルの端に置かれた扇形のメニュー表・割り箸立て・楊枝立て・醤油《しょうゆ》差し／キンキンに冷えたビールジョッキ／お通しのきんぴらごぼうと里芋／鶴の形をした紙製の箸置き／店内の一番奥に飾られた古びたフォークギター　など

●現在の仕事内容

全体描写…営業職

細部のリストアップ…営業会議への参加／得意先への訪問／アポ取り／プレゼン資料の用意／提案書の作成／チラシ作成／見積書の作成／契約書の作成／会議資料の作成／顧客台帳の作成および管理／メールマガジン配信／DM作成／名刺の整理／経費の精算／報告書の作成／商品のフィードバック／クレーム対応／上司のご機嫌取り　など

あらゆるもの・こと・人がトレーニングのお題になり得ます。「自宅キッチンの様子」「通勤電車の車内の様子」「愛車の運転席から見える風景」「勤務先オフィスの様子」「近所の公園の様子」「持ち歩いているバッグや財布の中身」「箱根の駒ヶ岳から見渡した風景」「お正月の街の風景」「好きなスポーツのルール」「スーパーの野菜売り場の様子」……。

「今日はきゅうり一本五十円のワゴンセールが行われています。おっと、その横には地元の農園で栽培されたもぎ立てのトマトが置かれ、さらには、深谷産の巨大ネギがドヤ顔で～」という具合に、テレビの実況リポーターになった気分で売り場の様子を脳内リポートしてもいいでしょう。

このトレーニングが習慣化すると、ものの見え方が変化していきます。いわゆる「虫の目＝細部を見る目」が磨かれて、これまで漠然と、ぼんやりとしていた世界に色がつき、音がつき、匂いがつき、形がつき……と、リアルに見えてくるのです。

「あ、このお店にこんなものがあったのか」
「あ、この人、こんな色合いの服が好きなのか」
「あ、このカフェにはＢＧＭが流れていたんだ」
「自分って、こんなことを考えているのか」

**すべての発見が宝物です。**それまで見えていた風景が「ピアノとボーカルだけのラフ音源（平面的）」だとしたら、ディテールを積み上げた風景は「さまざまな音を重ねてアレンジした完成版（立体的）」のようなもの。メロディは同じでも、受け手が抱く印象は大きく変わります。

# 23 「気づく力」を高めると書くネタは尽きない

## ～かけ算トレーニング

「書くネタが尽きてしまいました……」

定期的に文章を書いている人から、ときどき受ける相談です。結論から言うと、「書くネタが尽きる」ことはありません。「尽きた」と思い込んでいるだけです。確かに、すべてのネタを自分のなかだけに求めると、遅かれ早かれ袋小路に入り込んでしまいます。どんなにインプット量が多い人でも、一人の知識や情報などたかが知れているからです。

一方で、書くネタが尽きない人は、「自分以外＝外部」からネタのヒントを持ってこれる人です。**自分の周りを見渡せば、文章のネタは山ほど転がっています。そのことに気づいている人は、ネタが尽きないどころか、無尽蔵に文章を生み出すことができるのです。**

外部からネタを持ってきたら、どうすればいいのか？　そのネタを自分のなかにある得意ネタと結びつけるのです。つまり、「外部のネタ×自分の得意ネタ」のかけ算で文章を書くのです。

私の専門分野は「文章の書き方」ですので、たとえば、次のようなかけ算で文章を書くことができます。

- クリスマス×文章
- オリンピック×文章
- Yahoo! トピックス×文章
- ビール×文章

ピンと来ない人のために、もう少しかみ砕きましょう。

- クリスマス×文章➡子供が書く「サンタクロースへのプレゼントのお願い」の手紙×取引先への依頼メールの書き方
- オリンピック×文章➡オリンピック選手の集中力の高め方×文章を書くときの集中力の高め方
- Yahoo! トピックス×文章➡Yahoo! トピックスに表示される見出し×メールの件名の書き方

・ビール×文章⬇ビールの最初の一杯のウマさ（旨さ）×文章の書き始めのウマさ（上手《うま》さ）

次の文章は、私が以前Facebookに投稿したものです。


**先日、娘が出場した「日本中学校ダンス部選手権」の全国大会で、審査員のひとりのプロダンサーが、最後の総評で次のような話をしました。**

**〈審査結果がよかったチームほど自分たちのフォーメーションが客席からどう見えているかを理解しているし、研究している〉（←こんなニュアンスだったと思います）**

**ダンスの技術や表現うんぬんではなく、客席からの「見え方」について、中学生にアドバイスを送ったのです。**

**なるほど、と思いました。**

**選手たちが技術や表現に力を入れる気持ちはよく分かります。**

**なかには、踊ることで精一杯の子もいるでしょう。**

**しかし、ダンスを観る人は客席にいます。**

**客席からは、舞台の全体が見渡せます。**

否が応でも、フォーメーション全体が目に入ります。

もちろん、ダンスですので、個々の技術や表現も見どころのひとつです。

一方で、客席から観ていて思わず「おっ！」と感動するのは、フォーメーションの変化に美しさや驚きがあるときなのです。

総評した審査委員は、〈自分たちのダンスが人からどう見られているのか、もっと客観的な視点を持ちましょう〉と言いたかったのでしょう。

客観性が大事なのは、ダンスだけではありません。

たとえば、文章にも同じことが言えます。

文章を書くときに、書きたいことを書く人は大勢いますが、この文章が、読み手にどう見えるか、読み手にどう読まれるか、客観的に考えられる人はごくわずかです。

しかし、読む相手がいる限り、大事なのは、その「客観性」なのです。

自分が伝えたいことを、自分が伝えたいように書いても、相手の心を動かせるとは限りません。

それは、個々の技術や表現がいくら優れていても、観客を魅了できるとは限らないダンスと同じです。

大事なのは、読み手から見て、自分の文章がどう見えているか、どう読まれているか、

**なのです。**

**「文章」は舞台上のダンサーで、「読者」は客席の観客です。**

**あなたの文章は、客席の観客からどう見えているでしょうか？**

**観客の気持ちが理解できている人ほど読み手を魅了する文章を書けているはずです。**


この投稿は、「前半：外部のネタ（ダンス審査委員の総評）×後半：自分の得意ネタ（文章）」というかけ算で書きました。

もしも、自分のなかにあるネタだけでこの投稿を書いていたら、「文章では客観性が重要です」という論を、四角四面に語ることしかできなかったでしょう。

しかし、この総評を聞いた瞬間に「よし、導入にこのネタを持ってこよう！」と思いついたのです。そのほうが読み手の興味を引けるだろう、と。

私がFacebookに投稿した文章をもうひとつご紹介します。


**先日、ドキュメンタリー番組『情熱大陸』のなかで、シンガーソングライターmiwaがこんなコメントをしていた。**

**「決め打ちで超才能のある歌詞が書けるわけじゃないって分かっているから、まず、ど**

んどん直すっていう（スタイルです）。第一稿、第二稿、第三稿、まずどんどん出して、そこから磨いていくみたいな。石ころくらいの才能なんだけど、めっちゃ磨いて、ピカピカにした状態で世の中に出したい、みたいな」

この言葉に共感した。

文章も同じだから。

いい文章が一発で書ける。

そんな才能豊かな人がいることは認める。

でも、わたし自身はそうではない。

おそらく、多くの人もそうではない。

大事なのは、石ころをめっちゃ磨いて、ピカピカにすることではないだろうか。

miwa ほどストイックでなくても、少し磨くだけで、文章はグッとよくなる。

ほんの少しでいい。

わたしが提唱している文章の書き方に「情熱で書いて、冷静で直す」というのがある。

この「冷静で直す」が、石ころを磨いてピカピカにする作業だ。

書く作業は、自分のため。

直す（磨く）作業は、読む人のため。

この投稿は、「前半：外部のネタ（miwaのコメント）×後半：自分の得意ネタ（文章）」というかけ算になっています。これも、先ほどのダンスについての投稿と同じく、miwaさんのコメントを耳にした瞬間に「よし、これをネタに書こう」と決めました。

**文章のネタを外部から持ってくるには、日ごろからアンテナを立てて、ネタになりそうな情報をキャッチできるようにしておく必要があります。**

私の場合であれば、何か文章の書き方に結びつけられそうなネタがないか、常にキョロキョロと周りを見渡しています。そうでなければ、ダンスの総評やmiwaさんのコメントを耳にしたときに「これをネタに書こう！」とは思わなかったはずです。

「アンテナを立てる」とは「気づく力を高める」とも言い換えられます。そして、実はこの「気づく力」こそが「ひらめき」と呼ばれるものの正体でもあります。俗にいう「ひらめき」とは、AとBという別の情報を結びつけられる能力のことを言うのです。ニュートンが木からりんごが落ちるのを見て「万有引力の法則」を発見したのも、まさに別々の情報同士の結びつき、つまりは「ひらめき」によるものです。

**外部からネタを持ってくる効果は「ネタが尽きない」ことだけではありません。**新鮮なネタ、時事ネタ、多くの人が関心を寄せているネタなどから書き始めることで、読む人の

**興味をグッと引きつけることができるのです。**

両者の本質的な共通点を突き止めることが、かけ算を成功させる秘訣《ひけつ》です。先ほどの例でいえば、「ダンス」と「文章」の本質である「客観性の重要性」や、「miwa の曲作り」と「文章」の本質である「磨く大切さ」を見つけられたから、かけ算で書くことができたのです。文章のネタを外部から持ってこられるようになると、ネタの枯渇とサヨナラできるほか、おもしろい切り口や、興味深い切り口の文章をたくさん書けるようになります。

## ◆かけ算トレーニング

かけ算で文章を書くためには、異なる情報同士を結びつける「かけ算トレーニング」が有効です。AとBという情報があった場合に、両者の結び目となる「共通点」を見つけ出します。

- ダイエット×仕事効率⬇ムダを削ること
- アスリート×受験生⬇本番前の気持ちの作り方
- 雨×風邪による発熱⬇イヤなものだけど、なくてはならないもの
- お酒×薬⬇飲みすぎると毒になるもの

・幕の内弁当×ショッピングモール⬇バラエティ豊か
・川×人生⬇流れに逆らうと進めない

このように、両者の「共通点」は何か、考えていきます。比べる対象はどんなものでも構いません。どんなに異質なもの同士でも、どこかに必ず共通点があるものです。諦めずに考えることによって、共通点を見つける能力が鍛えられていきます。

もしもあなたが「子育て」についてよく文章を書くのであれば、子育てとさまざまな情報の共通点を見つけ出しましょう。

・語学×子育て／健康×子育て／趣味×子育て／株×子育て／旅行×子育て／税金×子育て／インテリア×子育て／道路×子育て／飛行機×子育て／ふうせん×子育て／ファッション×子育て　など

いかがでしょうか？　それぞれ、どんな共通点が見つかりそうですか？　子育てに興味のない方も、ぜひ考えてみてください。

「飛行機×子育て」なら「離陸するまでにもっともパワーを使う」という共通点、「ふうせん×子育て」なら「空気を入れすぎると破裂する恐れがある」という共通点で文章を書いてもおもしろいかもしれません。「税金×子育て」ならどうでしょう。税金とは、国や地方が、公共サービスを提供するため国民からお金を徴収する資金調達システムです。では、親が何かしらのサービスを提供するために、子供から徴収しているものはあるか？　そんなふうに考えると、おもしろい切り口の文章が書けるかもしれません。

仮に、あなたが何か専門的なテーマで文章を書いているのであれば、「子育て」とあなたの専門分野を入れ替えてみましょう。筋トレについて専門的に書いている人であれば、「飛行機×筋トレ」「ふうせん×筋トレ」「税金×筋トレ」という具合です。きっと何かしらの共通点が見つかるはずです。

ゲーム感覚で、目に入ったもの同士の共通点を見つけ出してもOKです（大勢でやると盛り上がります）。「タクシー×夕焼け」「星空×歯医者さん」「にんじん×ヘアスタイル」……。やればやるほど「気づく力＝ひらめき」がアップして、共通点を見つけ出すのが上手になります。魅力的な切り口の文章を書くためには、是が非でも磨いておきたいスキルです。

# 第5章
# 興味を引く文章を書くトレーニング

# 24

# 導入で読む人の感情を動かす

## ～キャッチコピー読み取りトレーニング

あなたは、せっかく観《み》ようと思った映画の始まりがつまらなくて、観る気が失《う》せてしまったということはありませんか？

導入で観客の心をつかめないと、そのあとで挽回《ばんかい》するのが難しくなる。これは映画に限らず、漫画、小説、劇、お笑い、スピーチ、プレゼンテーションなど、あらゆることに通じます。もちろん、「導入」の重要性は文章でも変わりません。

**①　今日はブログの書き方についてお伝えします。**
**ブログを書くのが苦手な方は、ぜひ最後までお読みください。実はブログの書き方でもっとも大事なのは「記事タイトル」なのです。**

**②　あなたの文章は読まれていません。**

**全文どころか、ひと文字すら読まれていない可能性が「大」です。実はブログの書き方でもっとも大事なのは「記事タイトル」なのです。**

①と②を読み比べたとき、続きの文章を読みたくなるのはどちらでしょうか？　おそらく②ではないでしょうか。①と②の差は、ずばり「導入」の差です。

いくらその続きに素晴らしいことや有益なことが書かれていても、「導入＝書き出し」に興味を持てなければ、読む人はそこで読むのをやめてしまうかもしれません。**読者に精読・熟読してもらいたいのであれば、徹底して導入にこだわる必要があります。**

③　インターネットが普及して久しい今日このごろ、最近ではスマホ利用者が増えています。

スマホがとても便利なツールであることに間違いはないでしょう。しかし、使い方を一歩間違えると、新たな悩みの種を生む恐れもあります。

④　スマホの奴隷になる人が急増しています。

**通勤通学の電車内、歩いている最中、お風呂場……いつでもどこでもスマホと一緒。スマホがとても便利なツールであることに間違いはないでしょう。しかし、使い方を一歩間違えると、新たな悩みの種を生む恐れもあります。**

冒頭の一行を読んだとき、続きを読みたくなったのは④ではないでしょうか。「インターネットが普及して久しい今日このごろ～」と、とくに引っかかりのない一般論で始まる③に対して、④の「スマホの奴隷になる人が急増しています」はセンセーショナルな印象を受けます。ドキっとする人もいるでしょうし、「私が、楽しく使っているこのスマホの奴隷だなんて……あり得ない！」と反発する人もいるでしょう。

しかし、反発する人でさえ、「この筆者は、どうして奴隷だなんて言うのだろうか？」と、その理由が気になります。つまり、続きを読みたくなるのです。③と④の違いも、先ほどと同様、「書き出し」にあります。

次のような反応が得られるようなら、おおむね「導入」はOK。続きの文章を読んでもらえる可能性が高くなるでしょう。

• へえ！／スゴい！／何それ？／ホント？／いいね！／おもしろい！／え～（驚き）／

怖い！／気になる！／自分に関係ある話だ！／役立ちそうだ！／笑える！　など

よく見ると、これらの反応には「！」や「？」がついているものばかりです。「！」や「？」がついているということは、読む人の感情が大きく動いている証拠です。

**人は感情の生き物です。感情が動かなければ興味はわきませんが、逆に言うと感情が動くと興味がわきやすくなります。**つまり、ＯＫな「導入」を実現するためには、よくも悪くも、読む人に「！」や「？」で反応してもらう必要があるのです。

とはいえ、どうしたら「！」や「？」で反応してもらえるのかよく分からない……という方は、人間の心理、とくに「欲」について知っておくといいでしょう。

・得したい／損したくない／知りたい／体験したい／成長したい／不満・不安・ストレスを解消したい／痛み・悩みから解放されたい／安定したい／便利になりたい／気持ちよくなりたい／自信を持ちたい／時間をかけたくない／ムダを省きたい／お金が欲しい／○○が欲しい／○○（技術など）を高めたい／○○の結果を出したい／努力したくない（ラクしたい）／○○に縛られたくない／安心したい／評価されたい／賞賛されたい／優越感に浸りたい／自分をよく見せたい／仲間になりたい／刺激が欲しい

／懐かしさを感じたい／若返りたい・美しくいたい／癒やされたい／モテたい／愛されたい　など

このように、人間にはさまざまな欲があります。どの欲が強いかは人によって異なります。成長欲求が強い人もいれば、承認欲求（人から「褒められたい」「認められたい」と思う欲求）が強い人、物欲が強い人もいます。

では、あなたが書く文章の読者はどんな欲を持っているでしょうか。その欲を見抜けていれば、導入で心をつかむことは難しくありません。ほんの少しその欲を刺激すればいいのです。

**②　あなたの文章は読まれていません。**

**④　スマホの奴隷になる人が急増しています。**

これらの書き出しも、それぞれ欲を刺激しています。②は「損したくない」「不安を解消したい」「ムダを省きたい」「〇〇（技術など）を高めたい」「〇〇の結果を出したい」

など。④は「不安を解消したい」「時間をかけたくない」「ムダを省きたい」「○○に縛られたくない」など。続きを読みたくなる文章の裏には、多かれ少なかれ人間の「欲」が隠れているのです。

**読者の興味を引きつけて、続きを読ませる役割を担う「書き出し」は、その他の文章とは別次元のパーツとして考えなければいけません。**私自身も、文章を書き終えたあとで、必ず重点的に見直すのが「書き出し」です。

## ◈キャッチコピー読み取りトレーニング

「書き出しはキャッチコピーです」

これは私が研修やセミナーでよく伝えていることです。キャッチコピーというと広告や宣伝に使われる言葉というイメージを持つ人もいると思います。しかし、広義にとらえれば、世の中にはキャッチコピー的な役割を果たしている文章がたくさんあります。

・チラシやポスターの見出し／看板／DMの見出し／ポップ／張り紙の見出し／商品パッケージのキャッチフレーズ／企画書のタイトル／名刺の肩書／冊子の見出し／メー

ルの件名／ブログの記事タイトル・書き出し／Facebookの書き出し／ホームページや販売ページのヘッダー周りの文字／動画のタイトル・テロップ　など

いずれの文章も「書き出し」で読者の感情を動かすことができなければ、その続きを読んでもらったり、内容に興味を持ってもらったりすることはできません。逆に言えば、キャッチコピー力に優れた人は、自分の書いた文章を読んでもらえる人であり、書いた文章によって自分が望む結果を出せる人です。

キャッチコピー力に磨きをかけるために挑戦していただきたいのが「キャッチコピー読み取りトレーニング」です。日常生活でキャッチコピーが目に飛び込んできたときに、それが「誰の」「どんな」欲を刺激しているのかを考えるトレーニングです。

- 「がんばる人の、がんばらない時間。」（ドトールコーヒーのキャッチコピー）⬇忙しいビジネスパーソンの「癒やされたい」という欲を刺激しているのではないだろうか？
- 「昭和のおふくろ豚汁」（とある食堂の張り紙）⬇昭和時代を経験したことのある人の「癒やされたい」「懐かしさを感じたい」という欲を刺激しているのではないだろう

か？

このように、書き手の気持ちになって、誰のどんな欲を刺激しているかを考えていきます。**書き手の気持ちを想像する力は、自分が書き手になったときに、読み手の気持ちを想像する力に変換されます。**

- 「ネットで副業　稼ぐ人はココが違う！」（『週刊ＳＰＡ！』の特集タイトル）⬇自分の収入に物足りなさを感じている社会人の「努力したくない（ラクしたい）」「刺激が欲しい」「お金が欲しい」「安定したい」「知りたい」という欲を刺激しているのではないだろうか？
- 「自分に自信を持てない人に共通する五つの悪い習慣」（メールマガジンの件名）⬇自分に自信を持てない人の「もっと自信をつけたい」「もっと評価されたい」「もっと成長したい」という欲を刺激しているのではないだろうか？

世の中はキャッチコピーであふれています。そして、それらのキャッチコピーの多くが、何かしらの方法で読み手の感情を揺さぶろうとしています。これまでは、コピーを読んで「ふーん」とか「へえ」と軽く流していた方も、今日からは「書き手の意識」でコピーを読んでみましょう。

自分の感情が大きく動いたときは「なぜこんなに感情が動いたのか？」、まったく動かなかったときは「なぜまったく動かなかったのか？」、その理由を考えてみましょう。その理由が見えるほど、キャッチコピーを書く能力も磨かれていきます。

上級者向けに、もうひとつトレーニングをご紹介します。このトレーニングは、キャッチコピーを読んで自分の感情がまったく動かなかったときに行います。動かないのであれば、「どうすれば感情が動くキャッチコピーになるか」を自分で考えようというわけです。ポイントは読者の心理を見極めることです。

- 「キャッチコピー研修」（研修のタイトル）⬇「ドカ売れキャッチコピーの作り方研修」
- 「魅力的な文章の書き方」（ブログの記事タイトル）⬇「文章で『嫌われる勇気』を持て！」
- 「とっても簡単レシピ」（スーパーでもらった手作りレシピ）⬇「素人でもたった三分

で作れる絶品レシピ」

- 「当マンションの駐車場について」（マンションのロビーに掲示されていた張り紙）⬇
「危ない！　子供たちがケガをします！」
- 「信頼と実績の耐震診断」（住宅の耐震診断のＤＭ）⬇「あなたの家は本当に倒れませんか？」

できれば、ひとつだけではなく、五個、十個、二十個とたくさんコピー案を出しましょう。プロでさえ、なかなか一発でいいコピーは作れません。野球にたとえるなら、大事なのはたくさん「打席に立つ」こと。コピー案を出せば出すほど、読み手の感情が動くコピーになる確率も高まります。

話を聞いてくれる身内や友人がいるようなら、自分が考えたキャッチコピーと元のキャッチコピーを見せて「どっちのキャッチコピーが続きを読みたくなる？」と聞いてみましょう。あなたが改善したコピー案が瞬時に選ばれれば合格です。選ばれなかったときは、真摯にその原因を追究しましょう。

# 25 カギ括弧で臨場感を伝える

## ～気持ち表現トレーニング

あなたはよくカギ括弧を使いますか？　もしも答えがノーなら、今日から積極的にカギ括弧を使うといいでしょう。カギ括弧のなかには、会話、独り言、心のつぶやきなどが入ります。**カギ括弧が挿入されると、臨場感が増して、伝えたいことがより伝わりやすくなります。**

上司にメールで仕事の報告をするときでも「A社の清水社長からも『今回のポスターの訴求力は最高ですね』とお褒めの言葉をいただきました」とカギ括弧で言葉を挿入すれば、「A社の清水社長からもお褒めの言葉をいただきました」と書くよりも、格段に伝わりやすくなります。

①　**映画を観ながら、思わず考え込んでしまいました。**

**② 映画を観ながら、「もしも自分が主人公だったらどうしただろうか？」と思わず考え込んでしまいました。**

映画の感想を書いた文章。頭にスっと意味が入ってくるのは、カギ括弧で心のつぶやきを表現した②ではないでしょうか。

**③ 息子が怪獣の人形を乱暴に放り投げた。**

**④ 息子が怪獣の人形を乱暴に放り投げた。さすがの怪獣も痛そうだ。**

**⑤ 息子が怪獣の人形を乱暴に放り投げた。「イテっ。ちくしょう！」という怪獣の声が聞こえた気がした。**

「⑤→④→③」の順で臨場感が「ある→ない」と感じたのではないでしょうか。④の「さすがの怪獣も痛そうだ」も、怪獣の気持ちを表現していますが、書き方が客観的です。カギ括弧を使って、怪獣の心の声を「イテっ。ちくしょう！」と主観的に表現した⑤のほうが、ダイナミックで訴えかけてくるものがあります。

⑥ **喫煙派にも禁煙派にも、それぞれ言い分があります。**

⑦ **「タバコがあるからストレスを溜《た》め込まずに済んでいる」と胸を張る喫煙派にも、「何をバカなことを。タバコなんて百害あって一利なしでしょう」という禁煙派にも、それぞれ言い分があります。**

喫煙派と禁煙派の気持ちをカギ括弧で端的に表現した⑦のほうが、⑥よりも興味をかき立てられます。⑥は事実としては理解できますが、感情が動きません。「ふーん」と読み流されて、三秒後には忘れさられてしまう文章です。

⑧ **あがり症でお困りの方々にお勧めなのが、この『一日三分瞑想《めいそう》ＤＶＤ』です。**

⑨ **「人前に出ると頭が真っ白になって言葉が出てきません……」そんな悩みを抱えるあがり症の方々にお勧めなのが、この『一日三分瞑想ＤＶＤ』です。**

『一日三分瞑想ＤＶＤ』のターゲットである「あがり症」の人たち。彼らの声を代弁した⑨のほうが⑧よりも興味を引きます。なかには、「人前に出ると頭が真っ白になって言葉が出てきません……」という文章を読んで初めて、「それって私のことかも！」とあがり症を自覚する人もいるかもしれません。「読み手の自覚を促す」という点においても、⑨は⑧よりも優れています。

さて、たった今、私も「心の声を伝える文章」を書きました。

⑩**「人前に出ると頭が真っ白になって言葉が出てきません……」という文章を読んで初めて、「それって私のことかも！」とあがり症を自覚する人もいるかもしれません。**

「それって私のことかも！」というフレーズが「心の声を伝える文章」です。このフレーズを使わなければ、おそらく次のような文章を書いていたでしょう。

⑪**「人前に出ると頭が真っ白になって言葉が出てきません……」という文章を読んで初めて、あがり症を自覚する人もいるかもしれません。**

意味は十分に伝わりますが、どちらの文章に興味を引かれるかといえば、気持ちをカギ括弧で表現した⑩ではないでしょうか。

小説やエッセイなどでも、事実を淡々と記した作品よりも、リズムよく会話文を挿入した作品のほうが読みやすく感じられます。おそらく空気感や臨場感が伝わるからなのでしょう。

会話、独り言、心のつぶやき……これら以外にも、「どうしてもこの言葉を光らせたい！」というケースでカギ括弧は重宝します。たとえば、少し前に登場した「あがり症」などがそれです。カギ括弧でキーワードをくくることによって、俄然《がぜん》、その言葉が力強く輝き始めます。「この言葉に注目です！」という書き手からの信号ともいえます。本書でもたくさんのカギ括弧を使っていますので、よくチェックしてみてください。

## ◆気持ち表現トレーニング

**気持ちをいきいきと伝える文章を書くためには、ずばり、日ごろから気持ちを表現する習慣を身につけておくのが一番。**「気持ち表現トレーニング」で、その習慣を身につけましょう。

このトレーニングでは自分自身の気持ちを表現するほか、「他人」や「モノ」や「生き物」などの気持ちも積極的に代弁します。どうしても声に出せないシチュエーション以外では、できる限り言葉を発するようにしましょう。つまり、「独り言」を言うのです。

・疲れて自宅に戻ったとき⬇（自分の気持ちを表現する）「いやー、今日もめいっぱい働いたな。ガソリンのエンプティランプが点灯中だ！　ぬるめのお風呂にゆっくり浸《つ》かってから、ビールを一杯グビっとやったら、今夜はさっさと寝よう！」

・すやすや眠る子供の寝顔を見ながら⬇（子供の気持ちになって）「今日も一日楽しかったなぁ。お友達のヒロキくんとサッカーもしたし、モモちゃんとはＤＳで遊んで勝ったんだ。明日は誰と何をして遊ぼうかなぁ」

・フライパンで野菜を炒めながら⬇（野菜の気持ちになって）「おー、じわじわと熱くなってきたー。おー、キター、アチチ、アチチ、アチチ！　この試練を乗り越えれば、もっとおいしい自分になれる！」

・炎天下で散歩する犬の姿を見ながら⬇(犬の気持ちになって)「夏のアスファルトの熱さは異常すぎる～。どこかにベンチはないかな?　あったら駆け上りたい。でないと足の裏がヤケドする!」

・処理スピードの落ちたパソコンを見ながら⬇(パソコンの気持ちになって)「またこんなにたくさんのアプリを立ちあげて!　これ以上立ち上げたら、ご主人様とはいえ、ただじゃおかないぞ!」

・植木に水をやりながら⬇(植木の気持ちになって)「わーい、ありがと～う。ちょうどのどがカラカラだったんだぁ。お願いだから、いつもより少し多めにちょうだいね」

・掃除機をかけながら⬇(掃除機の気持ちになって)「今日はかなりごちそうがあるではないか!　隊長、わたくしめにこの大役をお任せください。必ず床をピカピカにしてみせます!」

表現の仕方は自由です。シリアスに語ったら、次はユーモラスに語る、大阪弁で語るなど、変化をつけながら行えば、より表現の幅が広がるでしょう。代弁する対象のイメージに応じて、役作りをしてもいいでしょう。ダンプカーであれば「少し堅物っぽいイメージ」、小型スポーツカーであれば「少しやんちゃそうなイメージ」という具合です。初めは少し照れくさいかもしれませんが、演じる対象に「なりきる」ことで表現力がアップします。大丈夫。誰も見ていませんから。意外とクセになりますよ。

## 26

# 正直に書く勇気を持つ
## 〜他者承認トレーニング

世の中は「社交辞令」「リップサービス」「大人の対応」であふれています。社会という枠組みで生活することを運命づけられている人間にとって、周囲のご機嫌をうかがいながら生きるのは、生存本能に近い「自己防衛」であり、摩擦や軋轢《あつれき》なしに生きるための「所作」のようなものなのかもしれません。

しかし、個人的な文章を書くときに「社交辞令」「リップサービス」「大人の対応」が「過ぎる」のはいかがなものでしょう。度が過ぎると、書き手のアイデンティティを否定してしまうことになりかねません。

たとえば、チマタで「つまらない」とされているドラマを観たときに、あなたが「おもしろい！」と感じたとします。自身のFacebookでそのドラマのレビューを書こうとするも、なんだか周りの目が気になる。もしかすると、このドラマを「すごくおもしろい」と感じた自分がバカなのかもしれない。そんなことを考えてしまうと、次のような書き方をするかもしれません。

**このドラマの受け取り方は百人百様。俺は、まあまあ楽しめました。主人公のダメっぷりが少しイタかったですね（笑）。**

こうした文章を書いて得をするのは誰でしょうか？　書いた本人？　読む人？　いえ、誰の得にもなりません。書き手は自分の気持ちを封印し、読み手は、書き手の本心とは異なる情報を受け取らざるを得ない。本末転倒以外の何ものでもありません。

**チマタでの評判は今ひとつのようですが、なにをなにを、俺には「めっけもん！」の大傑作です。とくに主人公のダメっぷりときたら、思わず「俺のダメっぷりを取材したのでは？」と勘ぐりたくなるくらい俺そのもの。でも、そこに共感せずにはいられませんでした。このドラマは駄作どころか、愛すべきダメ男に贈る究極の応援歌です！「ダメ人間」を自覚する人は、見逃してはなりません！**

先ほどよりも引き込まれる文章です。なかには、「ほうほう、おもしろそうだから、来週チェックしてみようかな」と興味を持つ人もいるでしょう。

先ほどの文章との大きな違いは「正直さ」にあります。「チマタでの評判は今ひとつのようですが」と前置きしたあとは、正直な感想を述べています。

「俺には『めっけもん！』の大傑作です」「共感せずにはいられませんでした」「愛すべきダメ男に贈る究極の応援歌です！」と心の声をストレートに書き綴《つづ》っています。その結果、読む人の心に響く文章になっています。

自分を偽って周囲の評価に合わせる。多数派に迎合する。あるいは、ダメっぷりに共感したことに照れくささを感じたり、気恥ずかしさを感じたり、カッコ悪さを感じたりする。そのほうがよほどカッコ悪いのではないでしょうか。「正直でない＝不誠実」です。

もちろん、「ふん、何が大傑作だよ」と笑う読者もいるかもしれませんが、そんな反応を気にする必要はありません。なぜなら、自分の正直さが万人に受け入れられることなどあり得ないからです。「響かない人」がいるのは当たり前のことです。いいではないですか。あなたは「そう感じた」のですから。**読者が読みたいのはあなたの「実感」です。逆に言えば、「実感」を書くのをためらうくらいなら、何も書かないほうが世のため、自分のためです。**

世の中は情報であふれかえっています。Aが流行《はや》っていると聞けばAに飛びつき、Bが流行っていると聞けばBに飛びつく。そういうフォロワーも大勢います。ところが、AやBの賞味期限などあっという間で、すぐに人気はCやDに取って代わられます。行きすぎた情報化社会というのは、実に困ったものです。人間から「思考する力」を奪ってしまう。この移り気な情報化社会をどう改善していくべきか、私たちは真剣に考える時期に来ているのではないでしょうか。

「行きすぎた情報化社会」を批判する論調の文章です。ところが、もしもこの文章の書き手が、内心では「情報化社会に振り回される人が悪い」と思っていたとしたらどうでしょうか——。この文章は「正直さを欠いている」ことになります。

多くの人が情報に振り回されています。Aが流行っていると聞けばAに飛びつき、Bが流行っていると聞けばBに飛びつく。自分の頭で考えることをしない。思考停止状態。それでいて、結果が悪ければAやBに責任を押し付ける。にもかかわらず、子供たちには「情報に踊らされないように注意しましょう」などと講釈を垂れるものだから、呆《あき》れ

**てものがいえません。**

これが書き手にとって正直な文章です。「行きすぎた情報化社会」に責任を転嫁するのではなく「自分の頭で考えることをしない大人たち」に警鐘を鳴らしています。なかには「何を偉そうに」と不快感を示す読者もいるかもしれませんが、一方では、この文章に共感する人や、感銘を受ける人もいるはずです。

**大事なのは、自分の気持ちを伝える必要がある文章で、自分を曲げずに正直に書く勇気です。**正直な文章を書く人は、自分の気持ちにフタをしていないので、余計なフラストレーションを溜め込みません。加えて、読み手のなかに共感者や賛同者が現れるため、喜びを味わうこともできます。この喜びは、自分の考えをねじ曲げて、周囲に迎合する文章を書いている人には決して味わえないものです。

もちろん、「すべての文章はホンネで書かなければいけない」などと言うつもりはありません。たとえば、情報伝達が目的の文章などでは、あえて正直さを封印して書いたほうが理想的なケースもあるでしょう。そもそも、世の中には私情を挟むべきでない文章も山ほどあります。正直さを持って書くべき場面なのかどうなのか——その見極めは、当然、書く前に終わらせておくべきです。

## ◈他者承認トレーニング

正直に書くことを躊躇《ちゅうちょ》する人は「恐れを抱きやすい」傾向があります。正直に書くことによって、自分が否定される、バカにされる、嫌われる――そうした恐れを抱く人に「正直に書きましょう」と提案するのは、高所恐怖症の人に「思い切ってバンジージャンプをしましょう」と提案するくらい酷な話です。

正直に書く自信を彼らに植え付けるには、とにかく、抱いている「恐れ」、つまりは「心のブレーキ」を解除してあげなければいけません。その特効薬となるのが、他者を認める「他者承認トレーニング」です。

「えっ？　自分が正直になれないのに、どうして他者を認めるトレーニングが有効なの？」と思う人もいるかもしれませんね。確かに、正直になれない人には、正直な気持ちを表明するトレーニングのほうが、効き目がありそうな気がします。しかし、それより先にやらなければいけないのが「他者を認める」ことなのです。

仲間を裏切ってばかりいる人は、仲間から裏切られることを警戒します。自分が浮気をしている人は、パートナーの浮気を警戒します。人の悪口ばかり言っている人は、人から悪口を言われることを警戒します。なぜ、警戒するのか？「身に覚えがある」からです。

正直に書けない人にも同じことがいえます。つまり、無意識のうちに人の文章にケチをつけたり、見下したりしているのです。だから、自分が書いた文章にも「ケチをつけられるかもしれない」「見下されるかもしれない」と恐れるのです。

「他者承認トレーニング」では、相手の意見に対する自分の気持ち（共感する・しない）とは無関係に、どんな人の意見も尊重するという立場を取ります。

あなた：人生の豊かさは「体験」にあるという価値観を持っている。

Aさんが「人生の豊かさイコールお金だよね」と口にした場合：共感できない。だけどAさんはそういう価値観なのね、と受け入れる。

あなた：リーダーはメンバーを引っ張っていくべき、という価値観を持っている。

Bさんが「リーダーはメンバーのサポート役に回るのが理想」と口にした場合：共感できない。だけどBさんはそういう価値観なのね、と受け入れる。

あなた：結婚しなければ不幸になるという価値観を持っている。

Cさんが「一生独身でも楽しく生きられる時代よね」と口にした場合：共感できない。だけどCさんはそういう価値観なのね、と受け入れる。

あなた：人は見た目が重要だという価値観を持っている。

Dさんが「人を見た目で判断する人って信じられない」と口にした場合：共感できない。

だけどDさんはそういう価値観なのね、と受け入れる。

このように、たとえその人の意見に共感・賛同できなくても、その人が「そういう価値観を持つ人間であること」は認められるはずです。これが「他者承認」です。

このトレーニングの効果は絶大で、どんな人のどんな価値観でも尊重できるようになると、こんどは自分自身の価値観を表明することへの「恐れ」がなくなります。つまり、トレーニングを実践するほど、どんどん自信がついていくのです。世間の目や周りの目が一切気にならなくなれば、もうしめたものです。おそらく、あなたは正直な文章を書きたくてうずうずしているはずです。

# 27 自分の言葉で体験を語る

## ～体験抜き出しトレーニング

次の文章をお読みください。本の紹介文です。

**すがわら皮膚科クリニックの菅原由香子さんのデビュー作『肌のきれいな人がやっていること、いないこと』が発売されました。肌のために何をすればいいのか、お役立ちノウハウがぎっしり詰まっています。興味のある方はぜひご覧ください。**

あなたは、この本に興味を持ちましたか？　本を購入したいと思いましたか？　興味を持ったとしたら、よほど肌に関心があるか、肌のトラブルに悩まされている方ではないでしょうか。

実はこの本について、私が実際にFacebookに投稿した文章があります。

私がこの投稿で意識したのは「自分の言葉で体験を語る」という点でした。本の内容を説明するのではなく、私がこの本にどれくらいショックを受けたか、そのエピソードを書きました。先ほどの紹介文と読み比べてください。


**ボクちん、男の子だから関係ないもんねー。**

**なんて気ラクに構えていたら……大変なことになった！**

**第2章あたりから冷や汗が出てきて、読み終えたときには茫然《ぼうぜん》自失《じしつ》(・_・;)**

**気づいたら、自分のからだに、深く謝罪していました。**

**「これまでさんざん傷めつけてゴメン！」と。**

**すがわら皮膚科クリニックの菅原由香子さんのデビュー作『肌のきれいな人がやっていること、いないこと』。**

**これ、読まないとマズいです。**

**表紙にだまされてはいけません。**

**男性諸氏も必読ですから！！！（←ギター侍ふう）**

**だって、肌って、からだの状態がモロに出るところ。**

**その事実に男性も女性も関係なしっ！**

**とくに「食べ物」のくだりは恐ろしかったです。**

わなわなと身を震わせてしまいました。

小さい頃から「からだにいい！」と信じて食べてきたものが、ことごとく「毒」であったとは……。

無知というのは、本当に罪なものです。

ああ、ショック。

化粧品を使っている女性であれば、受けるショックは、私のウン倍ではないでしょうか。

ただし、このショックは受けるに限ります（笑）

相当にイタいですけどね！

超ヘビー級のショックを受けて、自分のからだに深く謝罪し、今日からただちに罪を償う。

これが「気高きオトナ」のふるまいではないでしょうか。

真の美肌を手に入れたければ、いえ、真の健康を手に入れたければ、いえ、病気知らずで長生きしたければ、このプロセスを経るしかありません。

これほどの優良情報がわずか１３００円で入手できるなんて……。

先ほどとは正反対の意味でもショックを受けた次第です。

通常、本の紹介投稿というのは、あまり大きな反応は得られません。しかし、この記事にはいつも以上に「いいね！」がつき、ソーシャルメディア活用の第一人者である作家の樺沢紫苑氏からは「これを読むと、猛烈に買いたくなるので、読まないほうがいいですね。でも、文章の勉強になるので、目だけは通しておいた方が、いいかも」というコメント付きでシェアしていただきました。また、この投稿を読んだ女性からは「男性にも必然性を感じさせるその内容！　気になります！」というコメントをいただいたほか、男性からも「早速購入しました！」というコメントが入りました。反応がよかったのは、単なる本の内容説明ではなく、自分の言葉で体験を書いたからではないでしょうか。

この文章の大半が、書き手の体験や感想で占められています。「ショック」というのは感情の落ち込みを指しますが、その感情の落差をシリアスに語らずに、自虐的かつユーモアを交えて表現している点もポイントです。「笑い」を生み出すことによって、読む人の感情を揺さぶることができるからです。突如飛び出す「ギター侍ふう」という少々古いネタに至っては失笑必至ですが、このナンセンスもまた確信犯的に盛り込んでいます。

手前味噌《てまえみそ》ではありますが、ショック体験をベースに、感情をタテにヨコに揺さぶりながら、ゴール地点を目指した文章といえます。ことSNSでは、暗い話題、辛気臭い話題よりも明るい話題、笑える話題のほうが反応を得やすいのです。

多くの人が紹介文や感想文を書くときに、その対象についての説明を始めてしまいます。「この本には○○が書かれています」という具合に。ところが、感情の生き物である人間は、理屈にはあまり興味を持ちません。説明というのは理屈そのもの。いくらそこに正しいこと、素晴らしいことが書かれていても、よほど関心のある出来事でもない限り、感情が動きにくいのです。「ボクちん、男の子だから関係ないもんねー。なんて気ラクに構えていたら……大変なことになった！」という書き出しは、本の説明とは対極にあるもの――体験・エピソード――です。つまり、理屈ではありません。

実際、私の投稿に対する反応がよかったのは、冒頭の数行を読んだときに「なんだかおもしろそうな体験が語られていそうだ」と興味を持っていただけたからでしょう。この時点では、この投稿が本の紹介文であることには、まだ誰も気づいていません。でも、それでいいのです。体験に興味を持ってもらえさえすれば、その続きに書かれている本の説明も、自然な流れで、いえ、むしろ勢いに乗って読んでもらえるからです。

もちろん、どんな体験を盛り込むかは書き手次第。いろいろなアプローチがあります。

**実は、二十年以上、乾燥肌に悩まされています。**

**冬場はとくにひどい。かゆみに耐えられず、体中をかきむしるため、まるで誰かとケ**

**ンカしたかのように引っかき傷だらけになるのです（涙）。**

こんな書き出しからスタートして、「この本を読んで、乾燥肌の理由が分かった」という流れで本を紹介することもできます。

**ガ〜ン！　ボディソープでごしごしと体を洗い続けてきた四十二年間。**
**その尊い歳月が、この本によって、真っ向から否定されてしまった！**

こんな書き出しからスタートして、「実は多くのボディソープには○○が含まれていて〜」という具合に、さり気なく本の紹介にシフトすることもできます。文章に体験が書かれていると、人は読みたくなるものなのです。

**読者の気持ちは「理屈」で動かず、「体験」で動く。**

文章巧者を目指すなら、この原則を押さえておく必要があります。あなたの体験は、文章を書くうえで大きな武器になります。

## ◆体験抜き出しトレーニング

文章に体験を盛り込むには、いつでも自分の記憶から「体験」を抜き出せるようにしておく必要があります。目に飛び込んできた「事柄」「人」「物事」などをお題に、自分のなかにどんな「体験」があるのかを考える「体験抜き出しトレーニング」をご紹介します。

【体験抜き出しトレーニングお題「駅」】

・駅にまつわる思い出（デートの待ち合わせなど）／伝言板での勘違いエピソード／よく利用した駅／好きな駅・嫌いな駅／駅に対する不満／駅でのお見送り・お迎え体験／人気駅弁「峠の釜めし」の思い出／バス停や空港など電車以外の駅の思い出　など

【体験抜き出しトレーニングお題「がんこ親父《おやじ》」】

・父親の頑固さに振り回された思い出／小学生のとき、近所の雷おやじに怒鳴られて、追いかけ回された思い出／中学時代の野球部の鬼監督に叱られた思い出／四十路《よそじ》を過ぎて自分ががんこ親父化しつつある自覚症状／数年前まで可愛《かわい》らしかった妻が、なぜかがんこ親父化しつつある現状　など

【体験抜き出しトレーニングお題「宇宙」】

・ＵＦＯ遭遇体験／宇宙にまつわる小説・絵本・映画・漫画・ドキュメンタリー・絵画・イラスト／博物館などの鑑賞体験／宇宙飛行士になることが夢だった幼少期の思い出／天体観測の体験／温泉の露天風呂で見上げた夜空体験／アメリカの砂漠で見上げた夜空体験／ＪＡＸＡ見学体験／夢で見た宇宙遊泳記　など

【体験抜き出しトレーニングお題「インフルエンザが猛威をふるうというニュース」】

・インフルエンザ体験（高熱で悪夢を見たなど）／予防接種体験（予防接種回避目的の仮病作戦など）／インフルエンザを疑い病院に行くも、セーフだった体験／鼻の奥の粘液を綿棒でぬぐう検査でのたうち回った体験／家族のインフルエンザ体験　など

「体験抜き出しトレーニング」に慣れてくると、体験ネタの引き出し方のコツが分かってきます。ひとつのお題に対して最低でも二、三個、お題の内容次第では十個近い体験を抜き出しましょう。文章を書くときに「どの体験を盛り込めばおもしろくなるだろうか？」とごく自然に検討しているようなら、トレーニングの成果が出ている証拠です。

# 28

## 物語で人の心を動かす
### ～物語作成トレーニング

あなたは小説家ですか？

おそらく答えは「ノー」でしょう。

では、あなたは物語を書いていますか？

この質問への答えも「ノー」が多いかもしれません。

「小説家でもないのに物語を書く理由がないでしょ」と。

ごもっともです……と言いたいところですが、本当にそうでしょうか？　書く理由がないどころか、多くの人が、それが物語であることに気づかずに、物語を書いているのではないでしょうか。もしそうだとしたら、これまで無意識で書いていた物語への意識を高めるだけで、さらにあなたの文章は人から興味を持たれやすくなります。

**①　先月からピアノを習い始めました。**

仮にこの文章が、あなたの知人がブログに書いたものだとして、これを読んだあなたはどういう気持ちになるでしょうか。おそらく、何も感じないか、あるいは「ふーん、そうなんだ」程度の反応ではないでしょうか。では、次の文章はどうでしょう。

**②　先月からピアノを習い始めました。小さいころ、母にいくら頼んでも習わせてもらえなかったので、ようやく念願が叶《かな》いました。**

こんどはもう少し感情が動いて「おお、それはよかったね！」と思うのではないでしょうか。①になくて②にあるものは「物語」です。

前項でもお伝えした通り、人間は感情の生き物。理屈が理解できても、感情が動かないケースは珍しくありません。**体験同様、物語には人の感情を動かすパワーがあるのです。**

以下の三つは、私が考える「読み手の感情を動かす物語の条件」です。

- 時間の流れがある（連続性）
- 高低差がある（起伏）
- メッセージが光る（研磨力）

それぞれ具体的に見ていきましょう。

まず、「時間の流れがある（連続性）」についてですが、「ピアノを習い始めた」（現在）、「小さいころ〜」（過去）という具合に、例文②には時間の流れがあります。

次の「高低差がある（起伏）」の基準には、いろいろなものがあります。なかでも、「状況が思わしくない＝低い」「状況がいい＝高い」という基準は、人の心を動かしやすい高低差のひとつです。

- 憂うつだった（低い）➡気持ちが晴れた（高い）
- ムリだと思っていた（低い）➡成功した（高い）
- 犬猿の仲だった（低い）➡友情が芽生えた（高い）
- 〇〇ができなかった（低い）➡〇〇ができるようになった（高い）
- 疲れがたまっていた（低い）➡疲れが取れてスッキリした（高い）

例文②にも、「ピアノを習い始めました」（高い）、「小さいころ、母にいくら頼んでも習わせてもらえなかった」（低い）という高低差があります。

時間の流れと高低差があっても、伝えたいメッセージを光らせる役割を果たしていなければ、わざわざ物語で語る意味がありません。

例文②では、「小さいころ〜」以降の文章があることにより「ピアノを習い始めた喜び」というメッセージが光っています。

「時間の流れがある（連続性）」「高低差がある（起伏）」「メッセージが光る（研磨力）」の三つを満たした②の文章「先月からピアノを習い始めました。小さいころ、母にいくら頼んでも習わせてもらえなかったので、ようやく念願が叶いました」は、立派な「物語」なのです。六十文字に満たない文章でも物語ができる。**そう、物語は、私たちが考えている以上に身近で気軽なものなのです。**

③　**息子が、晴れて東大に合格しました。**

東大に合格。これは無条件に素晴らしいエピソードです。では、物語を活用した以下の④や⑤と読み比べてください。

④　**一年前まで偏差値四十台だった息子が、晴れて東大に合格しました。**

⑤「オレの頭じゃムリ」が口癖だった息子が、晴れて東大に合格しました。

③よりも④や⑤の文章のほうが、「合格」という終着点に輝きが感じられます。「息子さん、本当によく頑張りましたね」と声をかけたくなる人もいるでしょう。④と⑤にはそれぞれ物語があります。

●④の物語
時間の流れ：一年前（過去）⬇東大に合格（現在）
高低差：偏差値四十台（低い）⬇東大に合格（高い）
メッセージが光る：「東大に合格」というメッセージが③よりも光っている

●⑤の物語
時間の流れ：受験勉強中（過去）⬇東大に合格（現在）
高低差：自信なさ気で諦めムードだった（低い）⬇東大に合格（高い）
メッセージが光る：「東大に合格」というメッセージが③よりも光っている

このように、「東大に合格した」というエピソードひとつをとっても、単なる情報として事実を伝えるのと、物語として伝えるのとでは、読む人へのメッセージの刺さり方が違うのです。逆に言えば、**人の心を動かしたいのであれば、意識的に物語を活用すればいいのです。**

なお、物語の高低差は「高い→低い」という流れで使うこともできます。

⑥　**台風接近のため、明日の山登りが中止になってしまいました。**

⑦　**半年前から楽しみにしていた明日の山登りが、台風接近のため中止になってしまいました。**

⑥の文章は、単なる情報伝達の域を出ていません。一方、「半年前から楽しみにしていた」と書くことで、⑦は物語になりました。⑥の文章を読んだときに感情が微動だにしない人でも、⑦を読むと「それは、残念でしたね」と思うのではないでしょうか。感情が動いた証拠です。

●⑦の物語

時間の流れ：半年前から（過去）⬇明日の山登り（現在）

高低差：楽しみにしていた（高い）⬇山登りが中止に（低い）

メッセージが光る：「山登りが中止に」というメッセージが⑥よりも光っている

物語には、さまざまなメリットがあります。

【メリット①】感情が動きやすい（興味・関心を持ちやすい）

【メリット②】感情移入しやすい（追体験できる）

【メリット③】共感しやすい

【メリット④】伝えたいメッセージが光る

【メリット⑤】記憶に残りやすい

【メリット⑥】人に伝えやすい（口コミされやすい）

【メリット⑦】自分（書き手）の言葉になる

【メリット⑧】どんな文章にも応用できる万能性がある

しかも、私たちは物語が大好きです。神話から伝説、昔話、童話、映画、ドラマ、小説、演劇、歌、ミュージカル、CM、漫画、スピーチ、ドキュメンタリー、絵本、紙芝居、コント、落語、漫才、プレゼンテーション、俳句……。これらのすべてに物語の要素が含まれています。

これほど人間は物語が好きなのですから、物語を使わない手はありません。

**まずい、ぶつかる！　えい！　ふ〜、間一髪、助かったぁ。**

この文章とて十分な物語です。なかなか引き込まれますよね？

## ◆物語作成トレーニング

物語のある文章を書くためには、ふだんから物事を「物語」でとらえるクセをつけておくといいでしょう。そこでお勧めなのが「物語作成トレーニング」です。**自分が伝えたいメッセージを光らせるために、事実を「点」でとらえずに、「時間の流れ」と「高低差」を意識してとらえていきます。**そして、頭のなかで物語を作っていきます。

事実　　：たまたま入ったラーメン屋のラーメンが、とてもおいしかった。
物語例　：店内は薄暗く、お客はまばら。店主の愛想も悪く、「ああ、こんなお店に入るんじゃなかった」と後悔した。ところがラーメンをひと口食べてびっくり。めちゃめちゃおいしい。今年のナンバー1確定だ。
時間の流れ：ラーメンを食べる前の描写（過去）⬇ラーメンを食べる（現在）
高低差　：おいしくないラーメンを想像（低い）⬇ラーメンがめちゃめちゃおいしい（高い）

物語の「種」はひとつだけしかないわけではありません。周りを見渡せば山ほど「種」は存在します。ほかの「種」でも物語を紡いでみましょう。

事実　　：たまたま入ったラーメン屋のラーメンが、とてもおいしかった。
物語例　：激務続きで食欲がない。今日も朝から水しか飲んでいない。「少しくらい何かお腹《なか》に入れないと……」と思い、目についたラーメン屋に入った。「また残すことになるのかな……」。ところがラーメンをひと口食べてびっくり。めちゃめちゃおいしい。豚骨スープが異常なほど食欲をそそる。無我夢中で食べていたら、あっという間に完食していた。
時間の流れ：ラーメンを食べる前の描写（過去）⬇ラーメンを食べる（現在）
高低差　：食欲がない（低い）⬇あっという間に完食した（高い）

「期待感ゼロ↓おいしかった」「食欲がない↓あっという間に完食」という具合に、まったく別の「種」から紡いだ物語ですが、どちらの例からも、ラーメンのおいしさが際立って伝わってきます。ほかにも、物語の「種」は身の回りにたくさん転がっています。

- 和食が食べたかったが、ラーメン屋しかなかった⬇ラーメンがおいしかった。ラーメンにしてよかった！
- 初デートでラーメン屋だなんて、彼女に嫌われるかと思った⬇ラーメンがおいしくて彼女が喜んでくれた！
- 風邪気味で寒気がしていた⬇ラーメンがおいしかったので、元気になった！

このように、いろいろな「種」を用いて物語を紡いでみましょう。

# 29

# 「自信」と「覚悟」を持つ

## ～断言トレーニング

「そこにエベレストがあるからだ」

イギリスの登山家ジョージ・マロリーが「なぜエベレストに登るのか」という問いに対して、こう答えたエピソードは有名です。

「そこにエベレストがあるからだという気がします。なんとなくですが……」

「たぶん、そこにエベレストがあるからじゃないでしょうか」

「いくつか理由はありますが、そのひとつに『そこにエベレストがあるから』というのがあります」

マロリーの言葉がこのようなものであったなら、もしかすると、彼の言葉は後世に語り継がれなかったかもしれません。「そこにエベレストがあるからだ」という断言こそが、マロリーの言葉を名言たらしめた大きな要素です。

**「断言」とは、言い切ることです。言い切るためには「自信」と「覚悟」が必要になりま**

**す。**「断言」の裏には、多かれ少なかれ「すべての人に共感してもらわなくても構わない」「異論、反論、批判は受け止める」――という気持ちが含まれているものなのです。「自信」と「覚悟」は、「断言」のエンジンです。このエンジンが大きいほど読者の心に刺さりやすくなります。

① **健康に不安のある方は、この本を読んでみてもいいのではないでしょうか。**

② **健康に不安のある方こそ、この本を読んでおくべきです。**

ある本の紹介文です。「読んでみてもいいのではないでしょうか」とソフトな表現をした①よりも、「読んでおくべき」と断言した②のほうが、「読んでみよう」という気持ちになります。①になくて②にあるものも、やはり「断言」です。

多くの人が断言することを嫌がります。なぜなら、「自信」と「覚悟」がないからです。自分の考えや意見に責任を持ちたくないと思っているからです。「逃げ道」を用意していないと不安で動けない「及び腰」の状態だからです。だから、断言できないし、読者の心にも刺さらないのです。

**③　会社を定年退職したあとも、自分の能力を活《い》かして働きたいというシニアが増えているらしいです。このタイミングで、シニア向けの相談会「六十歳からの就職案内」を行えば、もしかすると話題になるかもしれません。**

**④　会社を定年退職したあとも、自分の能力を活かして働きたいというシニアが増えています。このタイミングで、シニア向けの相談会「六十歳からの就職案内」を行えば、間違いなく話題になります。**

企画書の文章です。説得力を感じるのは、「増えています」「間違いなく話題になります」と言い切った④のほうです。「増えているらしいです」「もしかすると話題になるかもしれません」という言い回しを使った③は、企画に対する書き手の「熱」が感じられません。自信と覚悟の乏しい「ぬるい」「頼りない」文章です。

③の書き手にしてみれば、「よそから仕入れた情報も含まれているし、実際に話題になるかどうかなんて誰にも分からないじゃないですか」という気持ちなのでしょう。だから「こういう書き方になっても仕方ないじゃないか」と。しかし、とりわけ説得力と熱量が求められる企画書で、「伝聞（らしい）」や「推量（かもしれません）」を使っているよう

では、読む人の心を動かすことはできません。

**⑤　高い分析力で貴社に貢献します。**

**⑥　うまくいけば高い分析力で貴社に貢献できるかもしれません。**

あなたが企業の採用担当者だとしたら、エントリーシートに書かれた⑤と⑥の文章のどちらに心意気を感じるでしょうか。言わずもがなでしょう。⑥の書き手は、採用担当者から「では、うまくいかなければ、貢献してもらえないのですね？」と聞かれたときに、何と答えるつもりなのでしょうか。返事に窮する姿が目に浮かびます。

もちろん、遠回しな表現や婉曲的《えんきょくてき》な表現は、文章を書くうえで不可欠です（本書でもたくさん使っています）。そもそも、日本人は婉曲的、あるいは謙虚な表現を好んで使う傾向にあります。それに、「断言」も度を越すと「上から目線」「生意気」と受け取られる危険性を秘めています。なかには、自信も覚悟もない状態で、安易に「必ず」「絶対に」「間違いなく」という言葉を使って読み手の不信を招く人もいます。「断言」のバランス感覚、さじ加減は本当に難しいのです。

しかし、もしもあなたが、自分の「及び腰」に気づいているなら、その悪《あ》しき習慣は手放したほうが賢明です。**自分が本当に伝えたいメッセージ——考え・意見・提案・主張——があるにもかかわらず、婉曲的な表現で逃げるのは、読み手はもちろん、書き手自身に対する背信でもあります。**文章自体がおもしろくないうえ、お互いに得られるメリットも少ないのです。

そんな虚《むな》しい文章を書くくらいなら、「この世に絶対はない」と分かっていながらも、自信と覚悟を持って、あえて「断言」する勇気も必要ではないでしょうか。「遠回しな表現」や「婉曲的な表現」を否定するわけではありません。シチュエーションに応じて、あるいは、文章の目的に応じて「使い分けをしてみませんか？」というのが私の提案です。

## ◈断言トレーニング

文章で断言できない人は、日ごろから断言を避けている人です。断言しないことがクセになっている方も少なくありません。クセというくらいですから、本人に自覚がないケースがほとんどです。そこでお勧めしたいのが「断言トレーニング」です。やり方は簡単。

ふだん会話をするときに、できる限り断言を心がけるのです。

- 「コストはかかるかもしれません」➡「コストはかかります」
- 「間に合う気がします」➡「間に合います」
- 「協力してもいいです」➡「協力します」
- 「小林さんは正しいように思います」➡「小林さんは正しいです」
- 「利用率が過去最高になったようです」➡「利用率が過去最高になりました」
- 「参加しようと考えています」➡「参加します」
- 「鈴木さんが適任だとは思いますが」➡「鈴木さんが適任です」
- 「私の責任もあると思います」➡「私の責任です」
- 「おそらく、定休日じゃないかと」➡「定休日です」

もちろん、無理矢理に真実をねじ曲げたり、誇張したりする必要はありません。すべての言葉を断言調にするのは不可能でしょう。

一方で、もしも断言を避ける理由が、安易な遠慮や謙遜、逃げにあるのなら、意識のスイッチを切り替えなくてはいけません。**「逃げ道ありき」の言い回しではなく、覚悟を決**

**めて「断言」するのです。**

このトレーニングの目的は「断言」への恐れを断ち切ることです。初めは勇気がいるかもしれませんが、続けていくうちに、断言することに抵抗感を抱かなくなります。「断言」への恐れが弱まるにつれ、断言する文章を書く機会も増えていくはずです。その変化を大いに楽しんでください。

# 30 「論理」と「想い」をバランスよく使い分ける

## ～「ロジorエモ」見極め診断

**「ロジック」と「エモーション」。**

**人の興味を引く文章を書くうえで欠かせない二大要素です。**


ロジックとは「論理、理屈」のこと。

エモーションとは「感情、情緒、情動」、ざっくりと言えば「想《おも》い」のこと。

このふたつは、クルマでいう左右のタイヤのようなもの。左右の大きさや性能が違えば、まっすぐ走ることはできません。常にバランスを考えなければいけないのです。

いくら理屈の通った文章でも、そこに、書き手の「想い」がなければ退屈な文章になりかねません。つまり、エモーションが欠如した文章です。

一方、いくら「想い」があっても、理屈が通っていなければ、読む人には伝わりません。つまり、ロジックが欠如した文章です。

これは、音楽などにも置き換えられます。譜面通りに完璧に演奏した曲は「ロジック百点」ですが、そこに感情が込められていなければ、聴く人の心は揺さぶれないでしょう。逆に、気持ちの入った「エモーション一〇〇パーセント」の音楽でも、演奏の技術がなければ、それもまた聴く人の心は揺さぶれないはずです。

**「ロジック」と「エモーション」は、切っても切り離すことができない関係にあります。どちらか一方ではなく、両方がバランスよく盛り込まれたときに、人の心に響く文章になるのです。**

① 小さな子供を持つ主婦の再就職率を上げる。これが私の使命、いや天命です。

日本の場合、本来働く能力のある主婦が、「小さな子供がいる」というだけの理由で働く機会を逸しています。日本経済にとってこれほど大きな損失があるでしょうか？

私自身もそうでした。産後、すぐに働きたかった。ところが、再就職の面接に行っても「小さな子供がいる主婦」と分かるや面接官の態度が急に冷たくなるのです。門前払いにされたときもありました。働きたくても、環境がそれを許してくれない。育児をしながら働きたい主婦は、いったいどうしたらいいのでしょうか？ 似た悩みや疑問を抱える主婦のために、今後もこの活動「ママ就活プロジェクト」を広めていくつもりです。

書き手の想いは伝わってきます。しかし、説得力満点かといえば、そうともいえません。「それは、あなたがたまたまそうだっただけでは？」「自分の体験を一般化しているだけでは？」と勘ぐる人もいるでしょう。では、次の文章をお読みください。

**②　M字カーブをご存じでしょうか？　M字カーブとは、女性の年齢別労働力率をグラフで表したときに描かれるM字型の曲線のこと。出産や育児の期間にあたる三十歳代の就業率が落ち込み、育児が一段落してから再就職する人が多いことを示しています。これは日本特有の傾向で、欧米にはこうしたM字の落ち込みが見られません。このM字カーブを解消するためには、小さな子供を持つ主婦の再就職率を上げなければいけません。**

きちんとロジックを示した文章です。日本における女性の就業率の傾向がよく分かります。しかしながら、この文章だけを読まされても、感情がさほど揺さぶられません。「勉強にはなったけど……」で終わってしまう文章です。

①は「想い」、つまり「エモーション」を感じさせる文章で、②は「理屈」、つまり「ロジック」を示した文章です。では、①と②を合体させてみましょう。

小さな子供を持つ主婦の再就職率を上げる。これが私の使命、いや天命です。

Ｍ字カーブをご存じでしょうか？　Ｍ字カーブとは、女性の年齢別労働力率をグラフで表したときに描かれるＭ字型の曲線のこと。出産や育児の期間にあたる三十歳代の就業率が落ち込み、育児が一段落してから再就職する人が多いことを示しています。これは日本特有の傾向で、欧米にはこうしたＭ字の落ち込みが見られません。このＭ字カーブを解消するためには、小さな子供を持つ主婦の再就職率を上げなければいけません。

日本の場合、本来働く能力のある主婦が、「小さな子供がいる」というだけの理由で働く機会を逸しています。日本経済にとってこれほど大きな損失があるでしょうか？

私自身もそうでした。産後、すぐに働きたかった。ところが、再就職の面接に行っても「小さな子供がいる主婦」と分かるや面接官の態度が急に冷たくなるのです。門前払いにされたときもありました。働きたくても、環境がそれを許してくれない。育児をしながら働きたい主婦は、いったいどうしたらいいのでしょうか？　似た悩みや疑問を抱える主婦のために、今後もこの活動「ママ就活プロジェクト」を広めていくつもりです。

①と②、それぞれ単独の文章では物足りないと感じた人でも、「ロジック」と「エモーション」を合体させたこの文章には心を動かされるのではないでしょうか。

もう少し別の角度から「ロジック」と「エモーション」の特性を見てみましょう。人は大きく次の二パターンに分かれます。あなたはどちらのタイプでしょうか？

【ロジック派】「理論」や「理屈」が響きやすい人
【エモーション派】感情、情緒、情動などの「想い」が響きやすい人

では、あなたがテニスを習い始めたとします。次のどちらのコーチが好みでしょうか。

・打ち方の技術を理論からきちんと教えてくれるコーチ
・「君ならできる！」と力強く、明るく励まし続けてくれるコーチ

あなたがロジック派であれば前者、エモーション派であれば後者のコーチが合うかもしれません。とはいえ、技術を教えてくれるけど、まったく励ましてくれない……。励ましてはくれるけど、まったく技術を教えてくれない……。それもどうでしょうか。「ちょうどいいコーチはいないんかい！」と突っ込みを入れたくなりますよね。

理想は両方の特性を兼ね備えたコーチではないでしょうか。技術を教えることも、励ま

すこともうまい。それこそが「ロジック×エモーション」のコーチの姿です。

もうひとつ質問します。あなたが会社員だとします。次のどちらの社長についていきたいでしょうか。

- ワクワクする仕事をしよう！　夢を持って仕事をしよう！　人と社会を幸せにしよう！　と前向きなメッセージばかり語っている社長
- 常に経営面での戦略や戦術のことばかり考え、どうしたらより利益を生み出せるか、データを元に理詰めで考える社長

これまた意見が分かれるところでしょう。しかし、メッセージは前向きだけど、仕事を進めるうえでの具体的な方法論を何ひとつ持っていない……。利益を生み出すことは得意だけど、理念やビジョンがまったくない……。先ほどと同様、それもどうでしょうか。

「ちょうどいい社長はいないんかい！」と突っ込みを入れたくなりますよね。

理想は両方の特性を兼ね備えた社長ではないでしょうか。総論的な理念やビジョンをしっかりと掲げたうえで、具体的に何をどう進めるかの各論にも精通している。つまり、「ロジック×エモーション」の両刀を巧みに使いこなす社長です。

もちろん、ロジック派とエモーション派は、きれいに半分に分かれるわけではありません。Aさんは「ロジ3＋エモ7」、Bさんは「ロジ8＋エモ2」という具合に、どちらが響きやすいかは、その配分も含めて、人それぞれです。だからこそ、文章を書くときにロジックとエモーションの両者を織り交ぜる方法が有効なのです。

当然、特定の読者に向けて書く文章であれば、「ロジ3＋エモ7」の読者に対してはエモーションを増量し、「ロジ8＋エモ2」の読者に対してはロジックを増量するという具合に、**読み手のタイプに応じて、ロジックとエモーションの配合を変化させるのが理想です。**

なお、一般的に男性は「論理的（ロジック優位）」で、女性は「情緒的（エモーション優位）」といわれています。大きな傾向として押さえておいて損はないでしょう。

## ◈「ロジorエモ」見極め診断

ロジックとエモーションを上手に文章に盛り込むためには、あらかじめ自分のアウトプット（書くこと・話すこと）がロジック派とエモーション派のどちらなのかを把握しておく必要があります。ここでは、トレーニングではなく、自分のタイプを見極める診断を行います。以下の質問に答えてください。

「自分のアウトプットについて、人からどう言われたことがありますか？　該当する項目に丸をつけてください」

・論理的／説明的／具体的／理性的／理解しやすい／理屈っぽい／冷静／硬い／ガチガチ／「意味は理解できるけど気持ちが伝わってこない」

・感覚的／直感的／抽象的／情熱的／想いが強い／ひらめきがある／冗長／柔らかい／ふわふわ／「気持ちは分かるけど納得できない」

前者の該当項目が多かった人はロジック派、後者の該当項目が多かった人はエモーション派です。それぞれの項目がほどよくバラけた人は、ロジックとエモーションのバランスがとれている、と見ていいでしょう。該当項目を見比べながら、「ロジ３＋エモ７」という具合に、両者の配分量も見ておきましょう。

この質問の答えは、くれぐれも、あなたの主観だけで導き出さないように。思い込みなどもあり、主観はあまりアテにならないからです。「山口さんって、いつも理屈っぽいよね」という具合に、他人から言われた言葉などを思い出してください。どうしても思い出せなければ、友人、同僚、身内などで、本音を言ってくれる正直な人に「このなかで私に当てはまる項目はどれだと思う?」と聞いてみましょう。心配はご無用です。自分のことは他人のほうがよく見えているものですから。

診断の結果、もしも、あなたのアウトプットがエモーション派であれば、文章を書くときはもちろん、人と話をするときにも、意識してロジックを多く盛り込むといいでしょう。読む人が納得しやすくなるはずです。一方、ロジック派であれば、意識してエモーションを多く盛り込むといいでしょう。読む人に気持ちが伝わりやすくなります。

# 31

# 自由な表現で臨場感・躍動感を出す

## ～オノマトペde会話トレーニング

人気番組『人志松本のすべらない話』でブレイクしたお笑い芸人の宮川大輔さん。宮川さんの語り口の特徴といえば、擬音語の多さと巧みさです。

「ジュリ～ン！（犬のフンを踏んですべった音）」「クルクルベン！（山の上からイノシシが転げ落ちたときの音）」「くわっ！（小学生のときに、好きな女の子がしたオナラの音）」「ペグ～ン（二階から飛び降りてヒザでアゴを打ったときの音）」……。

その予想外の描写こそを、視聴者はおもしろがっているのでしょう。つまり、大事なのは「正確性」ではないのです。**いかに臨場感満点に雰囲気を伝えられるか。そこが擬音語を使うときのポイントです。**

擬音語を駆使する宮川大輔さんの語り口は、文章を書くときにも十分に使えます。擬音語を含む「オノマトペ」の活用です。「オノマトペ」とは「擬音語・擬声語・擬態語」の総称です。

**【擬音語　自然界の音や物音を表す表現】**

・ざあざあ／しとしと／ガチャン／ガラガラ／ゴロゴロ／バターン／ベリベリ／ドンドン／ジュワ～／ズルっ　など

**【擬声語　人間や動物の声を表す表現】**

・ワンワン／メーメー／ぴよぴよ／ちゅんちゅん／コケコッコー／おぎゃー／わーわー／げらげら／ぎゃはは／ぺちゃくちゃ　など

**【擬態語　事物の姿や形、有り様を感覚的に表す表現】**

・じろじろ／ぐずぐず／そわそわ／つるつる／さらっ／ぐちゃぐちゃ／ぴんぴん／きらきら／どんより　など

人が動く動作ひとつをとっても「そろそろ」「よたよた」「うろうろ」「のそのそ」「よちよち」「きびきび」「どかどか」「どすんどすん」「するする」「ピューっ」などと数えきれないほどの表現があります。オノマトペを使って物音や声、状況、心情などを描写することで、その場の空気感や情景を臨場感満点に伝え、読み手に深い印象を刻むことができるのです。

**① 驚きのあまり言葉が出てきませんでした。**

**② 驚きのあまり「フゲっ」と声を出してしまいました。**

驚いたときに「言葉が出ない」と表現するのは、いわゆる「紋切り型」。つまり、①は使い古された表現です。一方の②は、本人の口から思わず出た驚きの声をそのまま文字にしました。①よりも臨場感があります。やや個性に欠けるものの、定番の「わっ！」などを使ってもいいでしょう。

**③ 不合格の知らせに肩を落とした。**

**④ 不合格の知らせにヘロヘロっと肩を落とした。**

オノマトペを使っていない③よりも、擬態語「ヘロヘロっ」を用いた④のほうが、ライブ感あふれる表現といえるでしょう。こちらの定番は「ガクっ」でしょうか。

**⑤　ふたを開けたら湯気が立ち上ってきました。**

**⑥　パカっとふたを開けたら、もくもくと湯気が立ち上ってきました。**

同じ状況を文章にしているにもかかわらず、オノマトペを使わなかった⑤よりも、「パカっ」や「もくもく」というオノマトペを使った⑥のほうが描写にリアリティがあります。読み手の頭に映像が浮かぶのも⑥ではないでしょうか。

**⑦　熱い小籠包《しょうろんぽう》を口のなかへ放り込んだ瞬間に、思わず叫んでいました。したたる肉汁のおいしいこと！**

**⑧　ほくほくの小籠包を口のなかへサっと放り込んだ瞬間に、思わず「ウマっ！」と叫んでいました。ジュワ〜っとしたたる肉汁のおいしいこと！**

⑦と⑧を比べたとき、臨場感の差は一目瞭然です。淡々と書かれていてさほど心に残らない⑦に対して、「ほくほく」「サっ」「ジュワ〜っ」など随所にオノマトペを用いた⑧は、読んでいてワクワクします。

**⑨ ひと目彼女を見た瞬間に、胸の高鳴りを感じました。それと同時に、熱いものがこみ上げてきました。**

**⑩ ひと目彼女を見た瞬間に、ドキドキッと胸が高鳴りました。それと同時に、ジーンと熱いものがこみ上げてきました。**

「ドキドキッ」や「ジーン」を使った⑩のほうが、書き手の心情がよりリアルに伝わってきます。「ドキドキッ」ではなく「バクバク」や「ドキュ〜ン」などにすれば、より激しく胸の鼓動を演出できます。

かの文豪・宮沢賢治もオノマトペの名手として名を馳《は》せました。「風がどうと吹いてきて、草はざわざわ、木の葉はかさかさ、木はごとんごとんと鳴りました」（『注文の多い料理店』より）、「空がくるくるくるっと白く揺らぎ、草がバラッと一度にしずくを払いました」（『風の又三郎』より）……。賢治の作品を読むと、オノマトペがどれほど自由なもので、なおかつ、物語の場面を読者にイメージさせるうえで効果的な役割を果たしているかがよく分かります。

## ◆オノマトペde会話トレーニング

文章を書くときにいつでもオノマトペを使えるよう、日常会話でもオノマトペを多用しましょう。名づけて「オノマトペde会話トレーニング」です。宮川大輔さんになりきるくらいのイメージで取り組みましょう。

- 「外で消防車のサイレンがウーウー鳴って話がまったく聞こえなかったよ」
- 「ドンガラバッシャーン！　って突然、棚から荷物が崩れ落ちてきたんだ」
- 「お腹はしくしくしく痛むし、頭はズキズキ痛むし、ダブルパンチで最悪だよ」
- 「嬉《うれ》しくて嬉しくて天にも昇る心地だったね。ヒューっていうより、ビューンって感じで」

・「父さんったら朝からそわそわして廊下を行ったり来たり。ピンポーンって呼び鈴が鳴った瞬間に、玄関へ向かってダダダっと駆けていったからね（笑）」
・「いざ、クライマックスっていうときに、観客の一人の携帯がピョロピョロピョロ～って鳴って、一気に現実に引き戻されたよ。久しぶりにムカーってきたよ」
・「ディフェンダーの裏へスルスルっと抜け出してきた後藤が、バシっとダイレクトで決めて決勝点。もうパッキーンってテンション上がったね」

オノマトペには決まりきった言い回しも少なくありませんが、トレーニングでは、型やセオリーにはまる必要はありません。創造性や独自性を存分に発揮して、今まで口にしたことも耳にしたこともないようなフレーズを生み出しましょう。

会話でオノマトペを使う恩恵は、単に「表現の引き出しが増える」だけではありません。話し方に臨場感や躍動感が生まれるため、相手に興味を持ってもらいやすく、総合的なトーク力も磨かれます。周囲から「○○さんの話は聞いていておもしろい」と評価される機会も増えるでしょう。

オノマトペの効果を会話で実感できるようになると、文章でも使いたくて仕方なくなるはずです。ＴＰＯをわきまえながら、臨機応変に活用しましょう。

# 第6章
# 文章で
# あなたの世界と人生が変わる

# 32 あなたの文章に彩りを添える七つのメッセージ

さて、本書も終わりに近づいてきました。ここまでのトレーニングはいかがでしたでしょうか？

最後に、あなたの文章に彩りを添える七つのメッセージをお伝えします。それぞれのトレーニングを行うのに加えて、この七つのメッセージをいつも頭の片隅に置いていただければ、きっとあなたの文章はさらによくなっていくはずです。

## ① 人の文見て、わが文直せ

文章力を上げたいのであれば、他人の文章に学びましょう。作家の文章から学べ、という意味ではありません。**世の中にあるすべての文章が、あなたの師です。**

たとえば、パソコンに送られてくるメール。「分かりやすいメールだなぁ」と思うこともあれば、「分かりにくいメールだなぁ」と思うこともあるでしょう。いずれの場合も、「思う」だけで終わらせていては、文章はうまくなりません。なぜ「分かりやすい」と思ったのか、なぜ「分かりにくい」と思ったのか、自分なりに分析することが大切です。そこには必ず理由や原因があるはずです。

意味が分かりにくいうえに、妙にイライラするメールを受け取ったときであれば、「この文章は〇〇だから、分かりにくいのでは？」「この文章は〇〇だから、イライラするのでは？」という具合に分析するのです。

「〇〇」には以下のような言葉が入るかもしれません。

「改行が少ない」「一文が長い」「やたらと漢字が多い」「やたらと専門用語が多い」「主語と述語がねじれている」「目的語が抜けている」「修飾語と被修飾語が離れすぎている」「読点の位置がおかしい」「ムダに形容詞が多い」「誤字脱字が多い」「社交辞令が慇懃《いんぎん》」「言葉遣いが幼稚」「情報を盛り込みすぎ」「言葉をはしょりすぎている」「事実を正確に把握できていない」「意見があいまい」「結論が不明」「理由が不明」「冷静さに欠けている」「言い回しがくどい」「謙虚さが足りない」「配慮が足りない」……。いずれもありがちな原因です。

初めのうちは、なかなか理由や原因を特定できないかもしれません。しかし、意識し続けることで、次第に「分かりやすい理由」「分かりにくい原因」「イライラする原因」「感動した理由」「おもしろい理由」「つまらない原因」などが見えてきます。

理由や原因がはっきりしたら、こんどは自分の文章と照らし合わせます。「学ぶ」は「真似《まね》ぶ」とも言います。分かりやすい文章、いいと思った文章は、それらの理由を真似します。逆に、分かりにくい文章、よくないと思った文章は、それらの原因を反面教師にします。

**せっかく読んだ文章を何も考えずにスルーしているとしたら、それは、文章上達の機会を逃していることになります。**くり返しになりますが、世の中にあるすべての文章が、あなたの師です。どんな文章にも、必ず学ぶべき点があります。

## ②「鳥の目」と「虫の目」を使い分ける

「鳥の目」で見るのと「虫の目」で見るのとでは、見える景色がまったく違います。鳥と虫、どちらの目で見た景色も本物です。

たとえば、風邪症状を「虫の目」で見ると、とても憎たらしいものです。熱、くしゃみ、鼻水、咳《せき》、頭痛、だるさ……。「できれば風邪なんて引きたくない！」、そう感じる人も多いでしょう。

しかし、風邪症状を「鳥の目」で見ると、病原菌やウイルスから体を守るための自己防衛作用であることに気づきます。免疫システムが正常に働いているからこそ、風邪症状が現れるのです。もしも風邪症状がなければ、人は簡単に死んでしまうかもしれません。そう考えたとき、風邪症状が、人間にとってどれほど「ありがたい存在」かが見えてきます。

「鳥の目」と「虫の目」の考え方は、文章を書くときにも有効です。「鳥の目」だけの主張・意見や、「虫の目」だけの主張・意見はえてして底が浅くなりがちです。

したがって、文章を書くときには、自分がどの視点で物事を見ているのかを冷静に見極める必要があります。自分の視点が「鳥の目」のときは、「虫の目で見ると、どう見えるだろうか？」、自分の視点が「虫の目」のときは、「鳥の目で見ると、どう見えるだろうか？」と考えることが大切です。

**鳥と虫、ふたつの視点がそろって、初めて見えてくる景色があります。その景色が、あなたが書く文章に深みと彩りを与えるのです。**

## ③ 本を読むと文章力がアップする

たくさん本を読むと、文章力がアップする。この意見に、私も同意します。

でも、いったいなぜ本を読むと文章力がアップするのでしょう？

知識や語彙が増える。表現の幅が広がる。文章の展開や構成を学べる……。これらも、確かに文章力アップの要因には違いないでしょう。しかし、ここで私が声を大にして伝えたい「文章力アップの要因」は次の二点です。

**【大きな要因①】**他人の思考や感情に触れる

**【大きな要因②】**①によって、自分の思考や感情に気づく

「あ、世の中にはこんな考え方があるのか！」

「あ、他人はこんな感情を持っているのか！」

他人の思考や感情に触れることで、初めて自分の思考や感情に気づく人もいれば、もともとあった思考や感情が深まる人もいます。いずれにしても、「他人の思考や感情に触れ

る」という体験によって、「文章力」の根っことなる「思考」と「感情」の筋肉が鍛えられていくのです。読書は、それ自体が自己啓発の機能を内包しているのです。とくに「自分の気持ちを言葉にするのが苦手……」という方には、強く読書をお勧めします。「自分の気持ちを言葉にできない」原因は、文章スキルうんぬんではなく、そもそも、自分の思考や感情に「気づいていない」ことにある可能性が高いからです。**自分の思考や感情を知る、つまり、自分の内面と向き合うための橋渡し役として、読書はうってつけです。**

なお、本を読めば読むほど、世の中がよく見えてきます。たとえば本Aと本Bの共通点を発見することで、点と点が線でつながり、世の中の本質が見えてくる――という具合です。点の数は十個よりも百個、百個よりも千個のほうが本質が見えやすくなります（線の数が多くなるので）。世の中の本質が見えている人と見えていない人では、どちらの人が書く文章に説得力や深みがあるか。答えは言わずもがなでしょう。読書は、自分の思考や感情を知るだけでなく、世の中の本質に迫る手段としても有効なのです。

## ④「難しい」を喜ぼう

私自身、文章を書いていて「難しい」と思う瞬間があります。

理想とする文章の姿を百点とするならば、自分の書いた文章が六十点や七十点にしか感じられないときがあるのです。百点でない原因は、その都度、さまざまです。論理がちぐはぐなときもあれば、よい具体例を示せないときもあれば、リズムが悪いこともあれば、気の利いた比喩がひねり出せないときもあります。そもそも核となるメッセージ自体が脆《ぜい》弱《じゃく》。気持ちが乗らない。体調が悪い。そんなときもあります。

では、「難しい」と感じるのは、いいことなのでしょうか？　それとも悪いことなのでしょうか？　もちろん（と、あえて書きますが）、前者です。なぜなら、「難しい」と感じるのは、目の前のハードルが見えている証拠だからです。そのハードルを越えることができれば、今より確実にいい文章になることが分かっている。だから、「いいこと」なのです。あとは、乗り越えればいいだけの話です。

私にしてみれば、目の前にハードルがあるにもかかわらず、その存在に気がつかずに、ゴールへ突き進んでしまうことのほうがよほど怖いことです。論理がちぐはぐなまま、具体例を出せぬまま、リズムが悪いまま、気の利いた比喩を示せぬまま、脆弱なメッセージのまま、人に文章を届けてしまうのですから。

名編集者として知られる見城徹氏の言葉に、次のようなものがあります。

「スムーズに進んだ仕事は疑え」

もちろん、スムーズに進むことすべてが悪いことだとは思いません。いや、できればスムーズに仕事を進めたい（笑）。しかし、目の前にあるハードルに気づかずに、そのままハードルの脇をすり抜けてゴールへと突き進む「スムーズ」は危険です。最善とはいえない文章を読まされる読み手も不幸ですが、自己成長の機会を得られない書き手にとっても不幸です。

もしもあなたが、文章を書くときに「難しい」と感じることがあるとしたら、それは、目の前にあるハードルに気づいているからかもしれません。そのハードルは、あなたがいい文章を書きたいと思っているから見えたのです。だから、「難しい」を喜びましょう。越えられないハードルはありません。**ハードルを乗り越えた末に生まれた文章は、読み手からも愛されるでしょう。**もちろん、あなた自身も大きく成長しているはずです。

## ⑤「書く」を通じて自分を「知る」

もしこの世の中に、自分以外の人がいなかったら、人は「自分が何者なのか」すら分からないでしょう。他人がいるから、自分が何者かが分かるのです。文章にも同じ役割があります。つまり「自分が何者なのか」を見せてくれる、ということ。「鏡」のような役割です。「書く」という行為は、曖昧模糊《あいまいもこ》とした意識に形を与える行為にほかなりません。自分の思考を深めて自己成長を促す行為でもあります。

美術館で、ある一枚の絵を見ていたら、自然と涙がこぼれ落ちてきた……。そんな体験があったとします。なぜ涙がこぼれ落ちたのか？　そのままにしておけば、答えは一生分からないかもしれません。しかし、絵を見て感じたことを文章にしてみると、ぼんやりしていた自分の意識が少しずつ見えてきます。

「あ、自分にはこんな感情があったのか」
「あ、自分にはこんな想《おも》いがあったのか」
「あ、自分はこんなことで悩んでいたのか」
「あ、自分はこんなことが好きなのか」

文章を書くことで、自分が何者なのかに「気づく」のです。気づくことによって、人の視野は広がります。思考が深まります。物事の見え方が変化します。価値観が更新されます。これまで理解できなかった他人の気持ちに気づくこともあります。これらは、すべて人間的な成長です。日々進化する自分を知る旅に終わりはありません。だから、文章を書くことはたまらなく刺激的なのです。

書くのに難儀しそうなテーマで「あえて」書いてみるのもいいでしょう。たとえば、「自分はどういう死を迎えたいか？」とか、「自分が人から一番言われたくない言葉は？」とか、「自分にとっての最大の喜びとは何か？」とか。

こうした質問に対するアンサーを書ければ、自分の人生観や価値観が見えてきます。たとえ明確な答えを書けなかったとしても、がっかりすることはありません。難しいテーマの問いに答えようとチャレンジすること自体が、成長の一部だからです。

もちろん、自分を知る作業ですので、ときにはツラいと感じることもあるでしょう。思わず目を背けたくなる、そんな自分と出会うこともあるかもしれません。しかし、それでさえ文章を書くことの醍醐味《だいごみ》です。書くことで自分を知り、自分を知ったうえで世の中を見る。そういうプロセスを経ることでしか、見えてこない世界があるのです。**文章を書くことで、人は、自分の人生を変えることができるのです。**

## ⑥ 文章を書くことには「感情の排泄・浄化作用」がある

尿、便、汗、息……。これらを体外に出すときに、人は「気持ちいい」と感じます。なぜなら、それらのなかに老廃物が含まれているからです。老廃物を体に溜《た》め込めば、人は病気になってしまいます。酸素や栄養を取り入れて、老廃物を出す。この代謝が正常であれば、人は健康でいられる、ともいえます。

言葉にも似た側面があります。たとえば、仕事がツラいと感じたとき、そのツラいという気持ちを溜め込んでしまうと、病気になってしまうことがあります。一方で、ツラいと感じたときに、友人に「ねーねー、聞いてよ。仕事がツラくてさぁ」と悩みを打ち明ければ、少し気持ちがラクになります。

人はなぜ涙を流すのでしょうか？

理由ははっきりしていないようですが、涙には「感情の排泄《はいせつ》・浄化作用」があると言えば、多くの人が納得するでしょう。現に私たちは、悲しいとき、悔しいとき、寂しいとき、嬉《うれ》しいとき、ホッとしたとき、泣くことで「スッキリする」という経験をしています。

話すことだけでなく、書くことによっても同様の効果が得られます。もしも、嫌なこと、ツラいこと、悲しいこと、寂しいことがあったら、ノートや手帳に気持ちを書いてみるといいでしょう。気持ちが少しラクになるはずです。

ブログやFacebookなどのSNS上に書くのもお勧めです。他人に気持ちを受け入れられることによって、「スッキリ感」がより高まります。もちろん、不特定多数が目にする文章の場合、誰かを貶《おとし》める愚痴や不満、誹謗中傷《ひぼうちゅうしょう》などは厳禁です。書き方には十分に配慮する必要があります。

**自分の感情を正直に書いて、他者に受け入れられたとき、人はこのうえない至福を感じます。それは、自分の「魂」が受け入れられたと感じるからなのかもしれません。**

もしも、あなたが感情をあまり表に出したことのない人なら、デトックスと割り切って、一度、気持ちを文章化してみましょう。感情が排泄・浄化されて、不思議と気持ちがラクになる、そんな体験を味わえるはずです。

## ⑦「未来プロフィール」でセルフイメージをアップする

あなたは自分に自信がありますか？

「文章」と「自信」は、思いのほか近い関係にあります。似たような内容の文章でも、A

さんが書いた文章には自信が感じられ、Bさんが書いた文章には自信が感じられない。そういうケースが少なくありません。よくも悪くも、文章には、その人の自信が投影されるのです。

「セルフイメージ」という言葉があります。セルフイメージとは「自分が自分に抱いているイメージ」のことです。自分に悪いイメージを抱いていればセルフイメージが低く、自分にいいイメージを抱いていればセルフイメージが高い。「私は文章を書くのが苦手だ」という人は、セルフイメージが低く、「私は文章を書くのが得意だ」という人は、セルフイメージが高い状態です。どちらも、自分が書いた文章の行間に、そのイメージがにじみ出ます。ごまかしが利くようでまったく利かない。それがセルフイメージです。

**読者に愛される、親しまれる、受け入れられる文章を書くためには、セルフイメージは高い状態であることが理想です。**

そこで私が提案したいのは、セルフイメージを高める秘策。その秘策とは「未来プロフィールを書く」ことです。

プロフィールというと、現在や過去について書くのが一般的ですが、「未来プロフィール」では未来のことを書きます。未来といっても「予測」や「予想」ではありません。あたかも実際に未来にいるようなつもりで、すでに理想の境地に達した自分として書くのです。

未来は五年後とします。

あなたは今、五年後の世界にいます。その五年後に、自分が「こうなっていたら最高だ」という理想の姿を思い浮かべてください。思い浮かべたら、そのまま自分のプロフィールを書き始めます。いいですか、理想の姿です。照れや遠慮は無用です。

「司法試験に合格」「衆議院議員に初当選」「ハーバード大学に留学」「〇〇さんと結婚」「民間宇宙船で宇宙へ行った」「独立して会社を設立した」「キングオブコントで優勝」「油絵で二科展入賞」……。どんな内容でも構いません。

イメージがつかめない方のために、私の未来プロフィールをご紹介しましょう。

二〇一五年に出版した『書かずに文章がうまくなるトレーニング』（サンマーク出版）がミリオンセラーとなって以来、これまでに合計三十冊以上出版し、販売累計は四百万部以上。世界三十ヶ国で翻訳されている。

現在は、鎌倉にある自宅と、バリ島にある別邸を行き来しながら、執筆・講演活動を続ける日々。二〇一八年に上梓《じょうし》した『コトバの冒険』ではビジネス小説として初の直木賞に輝いた。また、「伝えよう。つながろう。」をコンセプトに二〇一九年に設立した「日本ライティング大学」は、アジアを中心に世界二十五ヶ国で分校展開。二〇二〇年には国際連合推奨のモデル大学に認定される。

さらに、所属するメディカツバンドが二〇一九年にリリースした曲「Kotoba と Kokoro」は、累計一千万ダウンロードを記録。東京オリンピックの公式テーマソングに採用されるほか、バンドはその年の紅白歌合戦に初出場を果たした。

妻は「女性の生き方支援家」の山口朋子。娘は、二〇二〇年に初上演されて話題を呼んだ数学ミュージカル『1-9！（イッキュウ！）』で主演に抜擢《ばってき》された山口桃果。

趣味は愛犬のゴールデンレトリバー「るぱん」と一緒に弓ヶ浜海岸で追いかけっこをすることと、月に一度の弾き語りライブ。二〇二一年からは「世界を書く」をテーマに世界一周旅行を計画中。文部科学省認定特別大学講師。


いかがでしょう？　なかなかの妄想力だと思いませんか（笑）？　でも、これくらい突き抜けることが大切です。叶《かな》うか叶わないかではなく、自分の理想像なのですから。

ポイントは「理想の自分になりきること」と「具体的に書くこと」。五年後の自分ですので、誰にも文句を言われる筋合いはありません。思い切って書いてください。書いた未来プロフィールを世間に公表すればより高い効果を得られますが、公表しなくても十分すぎるほどセルフイメージアップの効果が得られます。

書いたことは実現する——これは成功法則の原則ともいえるものですが、理想の自分になりきって書く「未来プロフィール」の効果はとりわけ絶大です。書いた瞬間からセルフイメージが格段にアップします。事実、私はすっかり「文部科学省認定特別大学講師」の気分です（笑）。自分で起こした変化をぜひ楽しんでください。

**未来プロフィールによって理想の自分になったあなたの文章は、より伝わりやすく、より魅力的に、読む人の心を動かすはずです。その自信を忘れないでください。**自信を失いそうになったら、未来プロフィールを更新すればＯＫ。くり返し「五年後の自分」と接触することで、セルフイメージが高いレベルで固定されます。

もちろん、未来プロフィールの内容は、脳と潜在意識に刷り込まれていきますので、ふと気づいたら、未来プロフィールに書いた通りの人生へと歩みを進めているでしょう。あなたは必ず「あなたがなりたい人間」になれるのです。

# おわりに

「書けない呪縛」から解き放たれる旅はいかがでしたでしょうか。

本書を読み終えたあなたの文章力は――仮にまだ個々のトレーニングにチャレンジしていないとしても――すでに、驚くほど向上しているはずです。

なぜなら、本書を通じて、文章を書くときに何を考え、どのような準備をすればいいか、そのポイントを理解していただけたはずだからです。

なかには、今すぐ何か書きたくてうずうずしている方もいるでしょう。

その気持ちこそが「書けない呪縛」から解き放たれた証拠です。

改めて伝えたいのは、本書の一行目で私が書いた言葉です。

あなたには文章を書く才能があります。

この言葉をどうか忘れないでください。

人間は考える生き物です。感情の生き物です。

あなたは日々、物事を考えながら、そして、感情を動かしながら生きています。

文章とは、そうした「思考」や「感情」の結晶なのです。

つまり、文章とは、「あなた自身」なのです。

あなたには、世界でたったひとつの、素晴らしい思考と感情があります。

あとはその宝物に磨きをかけて、実際のアウトプット（書くこと）につなげていくだけです。

どうか自信を持ってください。

まだ一抹の不安を抱いている人も、ご安心ください。

あなたのなかに眠っている才能を掘り起こすために本書は存在しています。

スキマ時間を使って、ぜひ本書で紹介したトレーニングにチャレンジしてみてください。

視野が広がる、脳が活性化する、思考が深くなる、相手が求めるものが分かるようになる、自分の正体に気づく……など、あなた自身が大きく変化するはずです。それらは、文章を書くうえで大きな武器となります。

どうしても書けないとき、書くことが思い浮かばないときは、いつでも本書を読み返してください。きっと、あなたの手助けになる言葉を見つけることができるはずです。

最後に、この企画がまだひ弱な卵だったときから、一緒に温め、孵化《ふか》へと導いてくれたサンマーク出版の黒川可奈子さんにお礼を申し上げます。

また、私のよきコンサルタントとして、日ごろから助言やアドバイスをくれる妻の朋子と、私の執筆の原動力でもある娘の桃果にもお礼を言わせてください。いつもありがとう。

そして、本書を手にしてくれたあなたへ。

いつかあなたが書いた文章に出逢《であ》える日を楽しみにしています。

著者

**山口拓朗**（やまぐち・たくろう）

伝える力【話す・書く】研究所所長
1972年鹿児島県生まれ、神奈川県育ち。大学卒業後6年間、出版社で雑誌編集者・記者を務めたのち、2002年にフリーライターとして独立。

「渋谷のクラブに集う20歳代の若者」から「老人ホームに集う90歳代のお年寄り」までを対象とし、18年間で2300件以上の取材・インタビュー歴がある。執筆媒体は『FLASH』『Asahi Weekly』『日経おとなのOFF』『OZ magazine』『安心』『るるぶ東京』『ランナーズ』『月刊リーダーシップ』『月刊 OLマニュアル』『週刊税務通信』『カスタムCAR』など約50誌。

著書に『伝わる文章が「速く」「思い通り」に書ける87の法則』『買わせる文章が「誰でも」「思い通り」に書ける101の法則』（ともに明日香出版社）、『だから、読み手に伝わらない！』（実務教育出版）などがある。電子書籍『ダメな文章を達人の文章にする31の方法』は2013年のKindle本年間ランキング1位（ビジネス・経済部門）に輝く。

現在は、雑誌・書籍の執筆活動と並行して、官公庁、企業、大学、カルチャーセンターなどで「伝わる文章の書き方」や「商品を売る文章の書き方」「信頼を獲得する文章コミュニケーション術」「共感を誘うストーリー文章の作り方」などの講演や研修、講座で登壇。これまでに2000名以上の受講者に実践活用度の高い文章スキルを伝授した。ブログでの情報発信力を鍛える「山口拓朗ライティング塾」も主宰。「伝わらない悲劇から抜けだそう！」をモットーに活動する。

山口拓朗オフィシャルサイト
http://yamaguchi-takuro.com

書かずに文章がうまくなるトレーニング

---

2015年 7月25日　初版発行
2018年11月10日　第3刷発行

著　者　山口拓朗
発行人　植木宣隆
発行所　株式会社 サンマーク出版
東京都新宿区高田馬場 2-16-11
(電)03-5272-3166
印　刷　中央精版印刷株式会社
製　本　株式会社若林製本工場

---



ISBN978-4-7631-3473-8　C0030
ホームページ　http://www.sunmark.co.jp